汉史
其实很有趣

NP

中国历史超好看

汉史
其实很有趣

袁恒毅◎主编 肖 凡◎编著

中国华侨出版社
北京

图书在版编目（CIP）数据

汉史其实很有趣 / 肖凡编著 . —北京：中国华侨出版社，2020.7（2021.9重印）
（中国历史超好看 / 袁恒毅主编；3）
ISBN 978-7-5113-8219-1

Ⅰ.①汉⋯ Ⅱ.①肖⋯ Ⅲ.①中国历史—汉代—通俗读物 Ⅳ.①K234.09

中国版本图书馆CIP数据核字（2020）第100286号

汉史其实很有趣

主　　编：	袁恒毅
编　　著：	肖　凡
责任编辑：	黄　威
封面设计：	阳春白雪
文字编辑：	张亚明
美术编辑：	宇　枫
经　　销：	新华书店
开　　本：	645毫米×920毫米　1/16　　印张：10　　字数：105千字
印　　刷：	唐山楠萍印务有限公司
版　　次：	2020年7月第1版　2021年9月第3次印刷
书　　号：	ISBN 978-7-5113-8219-1
定　　价：	228.00元（全8册）

中国华侨出版社　北京市朝阳区西坝河东里77号楼底商5号　　邮编：100028
发 行 部：（010）88866779　　　　传　真：（010）88877396

如发现印装质量问题，影响阅读，请与印刷厂联系调换。

前 言

　　历史是一面鉴古知今的镜子，也是提供知识给养的文化食粮。尤其是对广大青少年而言，读史不仅是积累知识的有效方法，也是提升语文写作能力的重要途径，更是积淀良好文化素养的成功之道。作为优秀的历史读物，《中国历史超好看》将为青少年开启新的阅读视野……汉朝，是我们此时阅读之旅的第三站。

　　汉朝是中国历史上最辉煌的朝代之一。公元前206年，刘邦建立汉朝。汉朝自建立之初，就被刘邦的一曲《大风歌》激出了它狂狷的气质。汉朝的雄风所鼓动起的，不只是汉代人的气度，更有后代人的狂想。

　　风过咸阳，卷落了秦王朝历史最后的书简，拉开了汉朝400多年的序幕。兵刃碰撞的声音似乎犹在耳边，乱世之中必然有人陨落，然而纵使陈胜有鸿鹄之志、项羽力拔山兮，亦未能成为这乱世的胜者，落得个陨落的下场；乱世之中亦有人称王，刘邦看似幸运，实则步步为营，最终赢得了天下。

　　风过汉宫，吹开了长乐大殿的门扉，几近推到了长安城的宫墙——治国平天下的言论流泻而出，征西闯北的轻骑从长安城的大门踢踏而过。刘邦、刘恒、刘彻、王莽、刘秀、张良、萧何、陈平、董仲舒、霍光、韩信、李广、卫青、霍去病、司马迁、张骞、班超，这些名字似乎成了明君和能臣的代称，后世几乎无出其右。

　　而在汉阙深宫，也藏了无尽的悲欢离合。吕后的深思尚未结束，已然化作宫墙上沉静的驳影；窦氏深谋远虑，依然抵不过时间的打磨；

卫子夫的柔软身姿已无法舞动，武帝的目光却永远也落不到金屋角落里的娇娘。

风过塞外，卷起无边无际的落日狂沙。"犯强汉者，虽远必诛"，只此一句，即可见当时汉室的奔放气焰。"匈奴未灭，何以家为"，霍去病喊出了他永世不灭的辉煌，也道出了大汉千年的战绩神话。英雄豪杰、功臣武将，一度把马蹄声带进了亚洲的荒漠，震动了欧洲的边陲。

全书将整个大汉朝400多年的历史分为"灭秦兴汉，治国之路步履维艰""雄风卷起，打江山容易守江山难""帝国没落，满腔柔情失江山"三个阶段，从秦朝末期的群雄并起夺天下写起，全新解读这个中国历史上最富气度的朝代。

本书以正史为蓝本，注重还原真实历史，为青少年梳理构建完整的历史脉络和框架。全书语言通俗易懂、生动有趣，故事精彩纷呈、博人眼球，让青少年花最少的时间轻松读历史，从而培养他们对历史的浓厚兴趣。通过精彩的人物事迹和历史故事，也能提升青少年的历史知识，开阔他们的视野，奠定他们受用一生的历史文化基石。

此刻，让我们一同走进汉朝的过往，一起去透过历史迷雾，还原历史真相吧！

目 录

第一卷 灭秦兴汉，治国之路步履维艰

第一章 风雨秦末，群雄并起夺天下 ········ 2
风雨大泽乡 ·· 2
市井出身的刘邦 ··· 5
"承天景命"斩白蛇 ···································· 7
沛县起兵抗暴秦 ··· 9
项羽豪言，少年即有壮志 ························· 12

第二章 时无英雄，竖子也能成名 ·········· 15
无意间壮大的势力 ··································· 15
项梁殒命 ·· 18

第三章 谁的江山，马蹄声凌乱 ············ 21
怒杀宋义，项羽重夺兵权 ························· 21
巨鹿一战成名 ·· 24
章邯战败，胡亥难坐江山 ························· 25

第四章 楚霸王与汉中王 ······················ 30
大破咸阳城 ·· 30

先入关者能称王 ································ 34
鸿门宴，安能吃得稳 ··························· 37

第五章　乌江歌起道离别 ······················ 42
为江山，两英雄大打出手 ······················ 42
虞兮虞兮奈若何 ································ 45
又一个轮回 ···································· 49

第六章　江山自做主，剪除异姓王 ·············· 53
狡兔死走狗烹 ·································· 53
猛将彭越身死名辱 ······························ 57
手足反目，卢绾身亡 ··························· 60

第七章　女人天下 ································ 63
冒顿千里求吕雉 ································ 63
拒封王刘恒逃过一劫 ··························· 66

第八章　帝国终归姓刘 ·························· 69
敌不过岁月雕琢，吕后归西 ···················· 69
"顺天意"刘恒称帝 ····························· 70

第九章　平定七国之乱 ·························· 74
刘启登基后的第一把火 ························ 74
七国联合造反 ·································· 76
稳扎稳打破叛军 ································ 78

第二卷　雄风卷起，打江山容易守江山难

第一章　朝中有狼，后宫有虎 …………………… 82
　　汉武帝鹰隼展翼 ………………………………… 82
　　卫家姐弟俩 ……………………………………… 84
　　行巫蛊陈阿娇困锁长门 ………………………… 85

第二章　强势出击战匈奴 …………………………… 86
　　对待匈奴，是战还是和 ………………………… 86
　　出击匈奴，直捣腹地 …………………………… 89
　　你来我往的拉锯战 ……………………………… 91

第三章　宣帝小中兴 ………………………………… 92
　　政治斗争下的牺牲者 …………………………… 92
　　汉宣帝的雄才文治 ……………………………… 95

第四章　主昏臣弱的朝廷 …………………………… 98
　　念亡妻刘询传位刘奭 …………………………… 98
　　昏主弱臣下党争不断 …………………………… 100

第三卷　帝国没落，满腔柔情失江山

第一章　王莽篡权，西汉终亡 …………………… 104
　　国无能主，王莽摄政 …………………………… 104
　　爬上权力的巅峰 ………………………………… 107

第二章　揭竿而起重兴汉室 …………………… 110
　刘秀的身世 ……………………………………… 110
　王氏必灭，汉室当兴 …………………………… 112
　揭竿起事夺天下 ………………………………… 116
　血战昆阳 ………………………………………… 119

第三章　天下再复一统 ………………………… 124
　刘秀得陇望蜀 …………………………………… 124
　南北夹击 ………………………………………… 128
　最后一战定江山 ………………………………… 131

第四章　妙计安天下，得了江山得民心 ……… 133
　汉明帝初露锋芒 ………………………………… 133
　大权在握指点江山 ……………………………… 135

第五章　灵帝无道，汉室衰微 ………………… 137
　宦官之乱 ………………………………………… 137
　汉末的农民起义 ………………………………… 140

第六章　东汉覆灭 ……………………………… 143
　挟天子以令诸侯 ………………………………… 143
　治世之能臣，乱世之奸雄 ……………………… 146
　四百年江山终有尽头 …………………………… 147

第一卷
灭秦兴汉,治国之路步履维艰

第一章

风雨秦末，群雄并起夺天下

风雨大泽乡

峰峦如聚，波涛如怒，
山河表里潼关路。
望西都，意踟蹰。
伤心秦汉经行处，宫阙万间都做了土。
兴，百姓苦；亡，百姓苦。

——元·张养浩《山坡羊·潼关怀古》

此曲一语中的，道破了秦国由胜转衰、民不聊生之景，真可谓国家兴也百姓苦，国家亡也百姓苦。

公元前210年，50岁的始皇帝嬴政第五次大巡游，到会稽祭奠大禹，在返回咸阳的归途中，身染重病，七月，病死于沙丘。

始皇帝死后，皇十八子嬴胡亥在赵高和李斯的帮助下，假下诏书害死了皇长子扶苏，登上了秦国皇帝的宝座，史称秦二世。在秦二世倒行逆施、奸相赵高专权祸国的情况下，一场反抗暴秦、逐鹿天下的惨烈战争拉开了帷幕，江山之争的大戏悄然上演。

历史的视角首先投射在了大泽乡。大泽乡，是中国历史上的一个转折点。本来，此驿站不过是今安徽省宿州市南蕲县的一个小村庄，在历史上也名不见经传。然而，历史事件往往喜欢发生在那些不为人知的地方。

第一卷　灭秦兴汉，治国之路步履维艰◇

秦二世元年（公元前 209 年），秦王朝从泗水郡征调九百壮丁到渔阳（在今北京密云西南）做戍卒。谁知这队人马行到大泽乡时，被忽然降下的暴雨拦住去路，只能在此处停留。

在秦朝，征调壮丁有规定抵达的最后期限，如不能如期抵达，就是犯了失期之罪，有官职的要罚缴纳盔甲，贫民要处死。如今暴雨拦路，想准时抵达渔阳是不可能了，到了那里也只有死路一条——为什么千里迢迢地去送死呢？

"不如造反！"这是陈胜心里的想法。

陈胜也是这九百壮丁之一，他被两个负责押送的将尉选为屯长，另外一个屯长名为吴广。陈胜吴广两人都是泗水郡人，祖祖辈辈都是农民。

"这事能成吗？万一失败了怎么办？"大雨浇在脚边的水坑里，一个个细小的水花瞬间生灭，看得人绝望而又无力。陈胜知道，再这样下去，自己的意志会消磨干净，于是咬了咬牙，转身去找吴广了，心中琢磨，吴广应该会相信自己而且支持自己的做法的。

陈胜没有看错吴广，吴广也知道继续走向渔阳只是死路一条，而造反说不定真的能够杀出一条血路！就这样，陈胜、吴广的手紧紧地握在了一起，看向彼此的眼睛也露出了笑意。但过了一会儿，吴广又有些犹豫。陈胜看出了情况，为他分析道："天下人受暴秦统治之苦已经太久了，心怀不满想造反的人绝不仅仅是你我二人。只要咱们找个好的借口，还怕没人响应？现在的二世皇帝胡亥不是长子，不该继承皇位，当皇帝的应该是公子扶苏。扶苏因为屡屡进谏，始皇帝不爱听，把他派到塞外带兵。我听说，现在的二世皇帝已经找借口把扶苏害死了。老百姓都知道扶苏是好人，没几个人知道他已经死了。还有原来楚国的项燕，是个极受楚人爱戴的名将。当年楚国被秦国灭亡的时候，有人说他被杀了，有人说他逃掉了。我们可以利用这两个人的名气起义反秦，对外说是他们的队伍，肯定有很多人跟随我们！"

当然，这都是以后的事，眼下最重要的是，如何让这九百壮丁跟着他们一起造反。陈、吴二人找到了当地的算命先生，算命先生不是常人，一开始就知道了二人的来意，于是按照程序捣鼓了一通，煞有介事地说："你们两位要干的事肯定都能成，不仅能成，而且能立大功。不过，你们要做的事，是不是应该求鬼神帮忙？"

陈胜吴广恍然大悟，扔下卦金回去了。

在为众戍卒置备晚餐时，陈胜和吴广捉了不少鱼，后者偷偷在鱼腹中塞进写有"陈胜王"的布条。这个"王"字读四声，是称王的意思。"陈胜王"就是陈胜将会称王。众戍卒吃鱼时发现了布条，个个心惊胆战，不知如何是好。"难道陈胜和我们不一样，不是凡人吗？"众人暗暗地想。

接着，吴广又在夜里学起了狐狸的叫声。

"嗷嗷嗷呜……"诡异的狐鸣声惊醒了静谧的夜空！

"嗷嗷呜……大楚兴……呜……陈胜王……呜呜……"

声音阴不阴、阳不阳，人不人、鬼不鬼。戍卒们饥寒交迫，又担心"失期"被斩，正捂着咕咕直叫的肚子在草席上辗转反侧，骤然听到这鬼哭狼嚎的叫声，顿时毛骨悚然。

"陈胜王？"这声音里有"陈胜"？而在前几天他们吃鱼的时候还在鱼肚中发现了写有"陈胜王"字样的布条，莫非……？黑漆漆的夜里，大家都将目光投向陈胜，但谁都没出声，各自盘算着直到天明。

如今，所有人的注意力都集中到陈胜的身上，吴广的计策成功了！

押送这支队伍的两个将尉好酒，加上遇雨失期，眼看要破财，难免借酒浇愁。这一天，两个人喝醉了，走路都打晃。陈胜一瞧，冲吴广使了个眼色。吴广心领神会，故意在将尉面前唉声叹气，总说要逃跑。将尉一听气坏了，顿时恼羞成怒，一把摁倒吴广，抄起鞭子直接向吴广的脊背抽了过去。

吴广平时对戍卒们特别关照，不摆架子，办实事，所以他在众人心中的声望比陈胜要高，很受爱戴。看见吴广挨打，戍卒们很生气，情绪很激动，不少人围拢过来要阻止将尉打人。

一个将尉看情形不对，把剑拔出来了，一边喝骂，一边摇晃手中的剑。他酒喝多了，剑拿得不稳。趴在地上挨打的吴广瞅了个空子，突然挺身而起，伸手把剑夺过来，顺势向前刺去，只听"噗"的一声，一剑把还在发呆的将尉刺中了。

将尉惨叫一声倒在地上，眼看活不成了。另外那名将尉大惊失色，吓得酒也醒了，拔剑去杀吴广。此时陈胜顺手抄起根劈柴，跟吴广眨眼的工夫就把第二名将尉杀了。两名将尉殷红的血流了一地，血腥味迅速弥漫。戍卒们的心情阴晴不定，精神亢奋，个个咬牙瞪眼。

陈胜稳了稳心神，把所有戍卒都召集在一起，提着滴血的剑高声说："你们现在都是犯了失期之罪的现行犯，都是要掉脑袋的。就算不砍头，到了渔阳，修长城、跟匈奴人打仗，十之六七还是得把命丢在那儿。反正没活路了，咱们何不起来造反，轰轰烈烈地死呢？何况造反还不一定死，王侯将相也不是生下来就是富贵的！"众人一看，日期也误了，官兵也被杀了，反吧！

于是，陈胜自立为将军，吴广任都尉，打出大楚旗号，起义反秦，迅速攻占了大泽乡、蕲县、铚县、酂县、苦县、柘县、谯县，继而占领陈县（今河南淮阳）。在陈县，陈胜自立为王，定国号为"张楚"。

秦朝大一统之后，第一个举起反秦大旗的势力就此宣告诞生。

市井出身的刘邦

汉高祖刘邦是一位传奇帝王。对于刘邦的出生，史书的记载不免充满神话色彩。

司马迁在《史记·高祖本纪》中这样记载：

高祖，沛丰邑中阳里（今江苏徐州市丰县）人，姓刘氏，字季。父曰太公，母曰刘媪。其先刘媪尝息大泽之陂，梦与神遇。是时雷电晦冥，太公往视，则见蛟龙于其上。已而有身，遂产高祖。

东汉的班固在《汉书》中的记载与《史记》基本相同，但是用词大有深意。

纵观史书记载的历代中原汉族帝王，大多带有点神话色彩，有的看见彩虹而怀孕，有的因吃了神鸟蛋而怀孕，有的梦见红日入怀而怀孕，千奇百怪，可是记载说母亲跟蛟龙行周公之礼而怀孕的，独刘邦一个。

于是后人便有种种揣测，认为刘邦很有可能是其母红杏出墙而与外人私通所生。

刘邦也确实不像刘家的人。刘邦的两个哥哥长大后，就帮着家里劳作，为养家糊口而终日辛劳，尤其是二哥刘仲，干活是一把好手，为刘家改善经济条件出了不少力。可是刘邦自幼顽劣，念书的时候就经常逃学，长大了更是游手好闲，也不懂给家里挣钱。不仅不赚钱，刘邦还爱交朋友，有了钱就同一群朋友吃喝玩乐花个精光，刘邦因为不求上进没少挨父亲刘太公的骂。然而骂是没用的，怎么骂，刘邦也不肯干农活。没办法，刘太公凭着自己人面熟、交际广，花了点银子，让刘邦当上了沛县泗水亭的亭长。

亭长的官职其实不大。当时，十里为一亭，设一个亭长，一里有百十户人家，一亭之长就相当于今天管理千八百户人家的村长或者街道办事处主任。十亭为一乡，乡再往上是县，县之上是当时行政区划的最高级别——郡。亭长属于芝麻绿豆大的小吏，主管治安警卫，兼管检查停留旅客，治理民事。

在这期间，刘邦还发明了个东西。《史记·高祖本纪》记载："高祖为亭长，乃以竹皮为冠，令求盗卒薛治之，时时冠之，及贵常冠，所谓'刘氏冠'乃是也。"后来这个刘氏冠还流行起来，晋朝皇帝祭祀的时候都得带这种帽子。虽然说是小发明，但是在古时候是不务正业的举动。

孔夫子说，男人三十而立，四十不惑。刘邦到了三四十岁却既未成家也未立业，终日流连酒色，不务正业，在亭长职位上还假公济私，派手下专管抓贼的"求盗卒"出差到鲁国去帮他弄"刘氏冠"。估计刘太公都被这个"问题中年"弄得面目无光，可是谁又能想到不久的将来，这样的一个人竟会开创一个王朝、写就一段传奇呢？然而，偏偏就是这么一个普普通通的小人物，不是凤子龙孙，不是簪缨世家，不是一方富豪，没有满腹经纶，没有举鼎之力，却压倒了那些名门之后、盖世雄杰，平天下、定诸侯，成了富有四海的一国之君。

"承天景命"斩白蛇

月朗星稀，溪水淙淙流淌，蟋蟀唧唧鸣唱，大泽西的夜色有那么一点撩人。

醉醺醺的刘邦倚在一块石头上，不时打着酒嗝。他有心对着这一片良辰美景赋诗一首，怎奈肚子里墨水不多，心里又有几分烦躁不安，想了半天，也没想出一句。刘邦心里一声长叹：怎么就混到这步田地了呢？

婚后的泗水亭长刘邦终于享受到了属于自己的家庭温暖。然而，官场上有句话：当差不自在，自在不当差。领国家的俸禄，也不可能总吃闲饭。这一天，任务来了：奉朝廷旨意，沛县解送咸阳给秦始皇修骊山陵的刑徒凑齐了，要求刘邦负责此次押送任务。

刘邦押着刑徒们启程之后，一路上刑徒们逮住机会就开溜，没走出多远，人跑得差不多了。刘邦暗自琢磨：看这阵势，等到了咸阳，就剩我一个人了，安能得好？看来我这个亭长当到了头，也得逃命了。

逃，也得会逃。像之前逃走的那些苦役，单打独斗，一个人没法生存，十有八九还得被抓住。要跑就得多带几个人，拉起一支队伍，找个地形有利的山头做山贼。于是，刘邦眼珠一转，计上心来。

这一天晚上，在大泽西，也就是今天的江苏丰县西，刘邦买了酒菜，把剩下的几十人召集到一起聚餐。酒过三巡，菜过五味，刘邦站起身来讲道："各位壮士，这一路上不少人都跑了，也就你们够义气，没撇下我一个人。人已经跑了不少，就算带着你们到了咸阳，咱们也都没好日子过。既然如此，咱们干脆就在这告别吧，你们都赶紧跑，我也得逃命去了。"刘邦一发话，大家纷纷逃命，只剩下十多个人愿意追随刘邦。刘邦对这十几个人热情笼络，添了酒菜继续喝，酒足饭饱之后连夜赶路，寻找安身之所。

此刻，因为对道路不熟，刘邦派出一个人探路，自己则倚着石头，一边醒酒一边等消息。

正在此时，探路的人慌慌张张跑了回来报告说："前边行不得了。我去探路，看见有一条蟒蛇横在路上，这么老粗，好几丈长，要不是我发现得早，就被它一口吞了。咱们换条道走吧！"

听探路的人一番描述，众人心里也怯了，都劝刘邦调头另找道路。

有道是酒壮怂人胆。刘邦的胆子说小不小，可也没多大。要在平时，听说前边有巨蟒拦路，刘邦早就避得远远的。可此时借着酒劲，刘邦胆子大了许多："没出息！堂堂男子汉，还能被一条蛇挡住？看我的！"

说完，刘邦"锵"的一声拔出佩剑，迈着歪歪斜斜的步伐冲了出去。没走多远，果然有一条大蟒横在路上，大概是刚吃饱，正在消化。刘邦没给蟒蛇任何的机会，一时间也顾不上找蛇头，举起宝剑向蛇身用力一砍，巨蟒当即被砍为两截。

这本来是一件小事。但是刘邦将此引为自己的得意之作。后来，有人据此编出一段神话故事：

据说，刘邦斩蛇之后继续往前赶了几里路，实在不胜酒力，躺在地上睡着了。跟着刘邦的十几个人不见刘邦回来，就一起去寻。寻到刘邦斩蛇的地方，看见一个老太太坐在那呜呜哭。有人就问："你在这哭什么呢？"老太太一边哭一边说："有人把我儿子杀了，我能不哭吗？"有好打听的问："怎么回事，你跟我们说说？"老太太回答："我儿子不是一般人，是白帝的儿子。他今天变成一条蛇挡在路上，结果被赤帝的儿子给杀了！"众人认为老太太在胡说八道，正要拆穿，老太太突然在众人眼皮子底下不见了。后来众人找到刘邦，把这事说了。刘邦从此成了赤帝的儿子，跟随的人也称刘邦是大神之子，日益敬畏。

白帝是中国上古五帝之一，东夷人的首领，中国嬴姓及其秦、徐、黄、江、李等数百个姓氏的始祖。有说法称白帝就是少昊，总之是神。赤帝则为炎帝，中国上古五帝之一，中华民族的始祖之一，也是神。

刘邦斩蛇或为史实，而所谓的"白帝之子被赤帝之子所杀"等一系列神话纯属杜撰之言，大概是刘邦为了提升人气、扩大队伍，与人串通之后造的谣。

后世常有人说"高祖斩蛇起义"，这也不符合事实。此时的刘邦手下不过十几人，连兵器都不齐，哪里谈得上造反，不过是带了一伙人落草为寇。

刘邦当了山大王之后，据说秦始皇称"东南有天子气"，因此屡屡东巡，要用自己的王霸之气镇压东南天子气。秦始皇浩浩荡荡地出游，刘邦怕被剿，就带着队伍到芒砀山（今天的豫、鲁、苏、皖四省结合部）打游击。

那时候地广人稀，山贼生意不好做，难得开一次张，刘邦等人过得跟野人一般。多亏吕雉时不时能带点东西来，大家不致饿死。趁这个机会，刘邦还有闲心造谣。吕雉每回来探亲，总能找到行踪不定的刘邦。刘邦当着大家的面故作惊讶地问："你怎么总能找到我呀？"吕雉也跟着演戏："那有什么难处？你住的地方天上有云气。我看着云气找你，就找到了。"望着云气找人，实属胡言乱语。这其实根本就是刘邦和吕雉串通好了的。其他人可不知道这夫妻二人装神弄鬼，以为是真事。许多被严刑峻法逼得活不下去的人就有了"实在不行投奔刘季当山贼"的念头。

一直到这个时候，刘邦眼前仍然是漆黑一片，看不到出路，看不到希望。反秦？刘邦没这个胆量。一直当山贼？东躲西藏、提心吊胆的日子实在是不好过！

在惶恐与焦虑中，秦始皇死了，胡亥即位了。

沛县起兵抗暴秦

公元前 209 年，陈胜、吴广在大泽乡举起了反旗，第一个吃了帝国的螃蟹。

有时候，当第一未必是好事。枪打出头鸟，出头的椽子先烂。陈胜、吴广走投无路率先起义，最终也率先被剿灭。但是，这场起义给山大王刘邦的命运带来了转机。

陈胜、吴广起义后，接连攻城拔寨，在陈县树起了王旗。附近郡县"苦秦久矣"，纷纷杀官造反，响应陈胜。起义势头如火如荼。辖区就在张楚政权边上的沛县县令心慌了。

集结战士抵抗张楚？作为区区一个县令，别说要兵没兵，就算募集一批乡勇，兵器都凑不齐。尽忠报国？千古艰难唯一死，县令可没打算为大秦搭上自己的性命。思来想去，县令认为还是应该举沛县向陈胜投降，先熬过这一关再说。

投降也不是县令一个人说了算。别看他在沛县官最大，手下要都不同意投降，他也降不成。因此，县令把功曹萧何和管刑事的曹参找来。这两个人在县里都是说得上话、很得人心的。县令首先发表了一通"为使本县免于战乱之苦携沛县投降"的高调开场白，然后很民主地征求萧何、曹参的意见。

萧何、曹参早就提心吊胆地琢磨过这件事。好歹他们也都是县里有头有脸的官吏，如果顽抗到底，百姓绝对不会对他们客气。县令一直以来没动静，两人早就着急了。今天听县令这么一说，两人心想：原来你也怕死，也难为你硬挺了这么多天。

萧何比较重义气，他早就知道刘邦跑到山里当山贼的事，有心趁这个机会把刘邦找回来。于是，萧何上前拱手施礼，慢条斯理地对县令说："大人，沛县这么大点地方，不够人家一口吃的，抵抗肯定是抵抗不了，归附也肯定得归附。但是大人，您是朝廷任命的官员，如今要是由您来带这个头，带着沛县子弟归附张楚，恐怕大家不能信任您。我建议您把本县逃亡在外的人找回来，组成一支队伍，估计人数能有数百人。咱们用这群人作为震慑力量，不怕大家不听您的。"曹参一向唯萧何马首是瞻，立即发言表示赞成萧何的意见。

县令想了想，觉得有道理，当即采纳。萧何与刘邦一直有联系，联络员就是樊哙。樊哙本来是个卖狗肉的，跟刘邦交情莫逆，后来跟着刘邦一起在芒砀山当山贼，时常往返于沛县和芒砀山。萧何火速找到樊哙，让他赶紧请刘邦带人来接管沛县。刘邦得到消息激动得热泪盈眶，谁想到这种好事居然就落到他头上了！刘邦赶紧把手下聚拢起来，直奔沛县。

再说沛县这边，樊哙刚走，沛县县令再一寻思：不对！刘邦来了能听我的吗？刘邦要是不听我的，我可是什么办法都没有啊！大秦连六国都灭了，小小张楚能成什么气候？朝廷大军一到，张楚顷刻败亡，投降张楚不是找死吗？左思右想之下，还是觉得不能反！

于是县令便下令城门紧闭，不放刘邦进城，还命人把萧何、曹参抓起来，准备杀了二人。萧何、曹参非常机灵，见事情不妙早就溜出城去投奔刘邦了。

刘邦带着人马来到沛县一瞧，城门紧闭，自己这点人想攻城那是不可能了，还是攻心吧。在萧何的参谋下，刘邦写好书信，让弓箭手射上城头。信中如是写道：

父老乡亲们，天下人饱受暴秦役使，早就不堪其苦。现在陈胜已经造反了，你们还敢帮县令守城？你们不知道陈胜的队伍遇到抵抗不降的都要屠城吗？你们应该赶紧把县令杀了，选一个带头人响应反秦的诸侯，这样才能保全性命，否则，陈胜大军一来，大家全得掉脑袋！

沛县百姓早就听说张楚军喜欢屠城，再加上早听说刘邦不是一般人，天命所归，被刘邦鼓动之后立即杀死县令，迎刘邦入城，要拥立其为沛县县令，领导大家干反秦的事业。刘邦假装不同意，假模假样地推辞："我这个人没什么本事，恐怕不能保全你们。你们选一个更好的吧。"有人也觉得刘邦不过是一个泗水亭长出身，恐怕真干不了大事，认为萧何、曹参素得人心，应该从他们两人里边选一个。

但是，萧何、曹参属于文官，根本不懂得造反这回事，而且二人考虑到造反有失败的可能，一旦失败，领头的人准得诛九族。于是萧、曹二人坚决推辞,都说还是刘邦最合适。萧曹二人大力推荐刘邦,自然就有人为刘邦说话,有人便就着二人的举荐说刘邦上有云气、夜里斩白帝子,还有人说秦始皇几次东巡就是因为刘邦上应天命的,更有人说卦象说刘邦是最合适人选的……总之是都同意刘邦当这个带头人。

秦二世元年(公元前209年)十月,刘邦欣然接受家乡父老的拥立,称沛公,祭了黄帝,宰三牲发血誓,正式起义反秦。

项羽豪言,少年即有壮志

项梁,下相(今江苏宿迁市宿城区)人,楚国名将项燕的儿子。

项羽,项梁的侄子。

项梁这个人在史书里没留下多少痕迹,也没什么值得大书特书,他的侄子项羽则不同。

项羽名籍,字羽。古时候称呼人,直接叫名字是不礼貌、不尊重的,所以后世对项羽只称字而不称名。

根据史书记载,项羽有拔山举鼎之力,而且天生异相——双目重瞳。

重瞳,就是眼睛里有两个瞳孔,是瞳孔发生畸变造成的,对视力没什么影响,又叫对子眼,现在叫多瞳症。

项家本来在楚国是贵族世家,家里的人大多在楚国做官,最有名的就是项燕,当年给秦国的统一战争设置了不少障碍。因此,楚国灭亡之后,项氏家族遭到了强烈的报复,项羽、项羽的堂弟项庄、项羽的叔父项梁和项伯侥幸留得性命。

项氏家族遭此劫难,项梁把家族振兴的希望寄托在侄子项羽身上,哪知道项羽跟刘邦有个共同点——厌学。项梁请名师教项羽读书,项羽学了两天半,不学了。不愿意学文,那就学武吧,兴许能在武艺上有成就。于是,项梁又请高人教项羽剑术。项羽学了两天半,又不学了。项梁很生气,可项羽说:"叔父,学文也就记个姓名用,剑术也不过是单打独斗的本事。学了这两样能顶什么用呢?所以我才不想学。

我想学的是做'万人敌'的本事。"项梁听到就乐了,心想:我侄子有出息,不愧是重瞳啊!于是项梁亲自出马,教项羽兵书战策。

早年间,项梁曾经因为与一桩案子有牵连,被栎阳县逮捕。好在项梁跟蕲县狱掾曹咎有交情,曹咎又跟栎阳县狱掾司马欣有交情。项梁求曹咎出面说情,这才被放出来。进过监狱、留了案底的项梁没有记住教训,不久之后竟然杀了人。

杀人不是小事,不仅官府要捉拿,死者生前也有势力,家人肯定要报仇。项梁为了避仇,带着侄子逃到到吴县(今江苏苏州)。项梁也是有本事,在天高皇帝远的吴县很快又过得风生水起。

有胆大包天的叔父带着,项羽也是天不怕地不怕。有一回赶上秦始皇出巡,项梁带着项羽看热闹。项羽看着看着,突然说:"我要取代他,当皇帝!"这话可比刘邦的"大丈夫当如是"响亮多了,非常直白地表明项羽此时立下的人生目标。说"男人要像秦始皇",这话不犯毛病;说"我要取代他",在那时候许多人有胆想但是没胆说。项梁对侄子能说出这番话感到很欣慰,觉得这孩子有出息。

秦二世元年(公元前209年)七月,陈胜、吴广在大泽乡起义,不久之后势力越来越大,秦朝疲于应付。当年十月,会稽郡(今浙江地区,郡治吴县)郡守把项梁找来密议。郡守开诚布公,说:"项梁,你看长江南北现在全反了,这是天亡秦朝!所谓先发制人,后发制于人。反正秦朝是要灭亡了,我不想绑在秦朝这艘船上淹死。现在,我想起兵,由你和桓楚率领,响应反秦。你意下如何?"

项梁一听此言,心里瞬间闪过无数个念头:反秦?反还是不反?天下大势确实如此!但是,跟着郡守一起造反?这可不行,如此绝佳的机会,他项梁怎能屈居人下!莫不如杀了郡守,由自己取而代之,遂领兵造反!

项梁迅速做出决定,装出一副敬佩和受宠若惊的表情,说:"郡守大人您真是目光长远啊!我同意您的决定。不过,桓楚现在逃亡在外,谁也不知道这人在哪儿。他跟我侄子项羽是好朋友,我估计项羽知道他藏身何处，请大人允许我去问问。"得到郡守同意后，项梁立即找项羽，趴在项羽耳朵上仔细嘱咐了一番，然后让项羽佩好宝剑，在郡守门外候着，自己春风满面地走进房中，重新落座。

项梁对郡守说："大人，我把项羽带来了。您看我是不是这就把他叫进来？"郡守急忙命项梁把项羽带进来。项梁趁这个工夫观察了一番，确定附近没有别人，高声把项羽喊进来。项羽刚一进来，郡守还没醒过味来，项梁立即使了个眼色。说时迟那时快，项羽"唰"的一声猛然拔出宝剑，直奔郡守心口刺去。只听"噗"的一声，来不及叫喊的郡守倒在血泊之中。

项羽初次杀人，心里一点不紧张，从容地拔出宝剑，把郡守的脑袋砍下来。项梁手提郡守的人头，又把郡守的印绶搜出来挂在脖子上，在项羽的护持下大摇大摆地出现在大家面前。郡守的部下见此情景大惊失色，有人夺路而逃，有人抖成一团，有人拔出刀剑要捉拿凶手。项羽毫不畏惧，大喝一声，挺剑抢先迎了上去，凡是敢动手的当胸就是一剑。

地上尸首相枕，剑上滴血犹温，项羽脸上不见一丝一毫的不忍，开口断喝："还有谁！"胆大、不服的已经在地上躺着了，剩下的就差没尿了裤子，趴在地上哀声求饶。

项梁满意地点了点头，把向来听话、有本事的士绅官吏召集起来，明确地告诉众人："秦朝要完了，我决定起兵造反。咱们平日都处得不错，我希望你们跟着我干。如果你们有不同意见，请跟我侄子项羽打个招呼。"众人偷眼看了看血染衣袍、面目狰狞的项羽，哪还敢有异议。

秦二世元年（公元前209年）九月，项梁自立为会稽郡郡守，以项羽为裨将，聚拢了近万精兵，割据一方。

秦末历史上的另一个英雄人物项羽登场了。

第二章

时无英雄，竖子也能成名

无意间壮大的势力

世人都说福无双降，祸不单行，可是项梁、项羽自从扯起反旗之后，好事一桩连着一桩。

项氏叔侄起义这会儿，四周除了秦朝控制了大片区域，差不多都被其他造反势力所占据。项梁手下不到一万人马，说多不多，说少不少，一时也不敢有太大动作。正在项梁、项羽谋划下一步该怎么走的时候，第一张馅饼砸了下来。

陈胜手下有一员名叫召平的大将。陈胜在陈县称王的时候，派出几路人马开拓领地，其中一路攻取广陵（今扬州）的队伍就由召平率领。召平带着队伍到了广陵，久攻不下。正没主意的时候，吴广遇害、陈胜出逃、秦军将下一个目标瞄准召平的消息相继传来。召平心想各位英雄要来广陵，他怎敢怠慢！便一刻也没耽误，带着兵马渡过长江逃命来了。

正好这时候项梁带着七八千人马竖起了反旗。召平激动得热泪盈眶，反正陈胜生死不知，召平大着胆子以陈胜的名义给项梁写信，拜项梁为楚国的上柱国，就是楚国军事武装的高级总帅，相当于大将军级别。这对于项梁来说可是意外的惊喜，有了这么一顶帽子，对于他收编张楚残兵败将、联合原属张楚政权的其他势力无疑大有好处。

官不是白封的，召平对项梁说："江东一代豪杰四起，暂时不用管了。现在有一伙秦军到了江南，如果让他们站稳脚跟，渡江打过来，你我就危险了。希望你能率领大军渡江迎击，解决这个麻烦。"

拿人钱财，与人消灾。项梁够仁义，也识大体、顾大局，接到召平的请求，二话不说，带着八千子弟兵渡过长江，准备迎击秦军。

刚过江，项梁就得知了一个好消息：有个叫陈婴的家伙在江南竖起了反旗，而且攻取了东阳县，也就是今天的江苏盱眙县东阳乡。聪明人善于团结一切可以团结的力量，蠢人才逞英雄一个人蛮干。项梁自己渡江本来有些为局势所迫的成分，现在如同发现了一棵救命稻草，连忙派人联络陈婴，约他一起西进攻秦。

陈婴原本是东阳县的令史，是个小吏。别看陈婴官不大，在县里名望很高，素以诚信、谨慎著称。陈婴反秦不是自愿，而是受陈胜吴广起义的影响。大泽乡起义的消息传开之后，东阳的年轻子弟心潮澎湃，情绪激动，一时没控制住，就把县令杀了。蛇无头不行，鸟无头不飞，起义造反总得有个领头人。提谁做领袖都有人不同意，唯独提到陈婴便全票通过。陈婴生性谨慎，这种掉脑袋的事他哪肯干。可是，反对无效。大家一致表示：这个领袖就得陈婴来当，想不当也不行！

就这样，陈婴被硬逼着做了大伙儿的领袖。陈婴一出面，应者云集，东阳起义军很快就达到了2万人。实力激增之后，那帮东阳少年又不老实了，要求陈婴称王，这样自己也好晋级。

别说称王，本来连这个领袖陈婴都不想当。正好这时候项梁派人来联络，陈婴心想正好，不如干脆投靠项梁！他便召集部下开会，对众人说："我没什么本事，你们抬举我，让我当了这个带头人。既然我坐在这个位置上，就得替大伙儿的将来做打算。刚才派人来送信的项梁，许多人可能都知道，那是将相世家，在原来的楚国家喻户晓。咱们要干大事，领袖要是选错了，注定要失败。不论是名望还是作战经验、带兵能力项梁都远胜于我，咱们不如归附项梁，将来大事定能成。"

就这样，投奔项梁的提议同样全票通过，两万东阳子弟从此成为项梁的人马。陈婴觉得自己找到了替死鬼，项梁则是得到意外收获，壮大了实力。可谓双方各取所需。

陈婴这2万人刚刚投靠项梁，英布也带着人马来投奔。

英布，九江郡六县（今安徽六安）人。据说当年有人给英布相过面，说英布"当刑而王"，就是将来会先受刑，而后称王。英布几年后果然犯了法，受了黥刑。

黥刑就是在犯人脸上刺字，然后用墨染，以在犯人脸上留下不可磨灭的侮辱性痕迹。就因为这个，英布又被称为黥布。

别人受刑都难受，英布挺高兴："算命的当年说我'当刑而王'，现在我受了刑了，看来富贵不远了。"受了黥刑之后，英布被发配到骊山给秦始皇修坟。骊山刑徒几十万，五湖四海的英雄豪杰、大大小小的管事众多。英布是个妙人，与这些人都套上了交情。瞅了个空子，英布居然带着几个好兄弟逃出来，拉帮结伙往来于长江之上，当了强盗。

因为受到陈胜吴广起义的感召，英布感到自己得富贵的机会来了，决定加入推翻秦朝的伟大事业中。可是这时候英布手下只有当初一起逃出来的几个弟兄，想独自起义、割据一方那是天方夜谭。因此，英布带着兄弟们投奔了番君吴芮。

英布投奔吴芮之后，游说吴芮参加反秦大事。吴芮不仅欣然同意，帮英布凑了数千人马，而且认为英布是条好汉，能成大事，还把自己的女儿许配给英布。

英布是秦末有名的名将，敢打硬仗。秦将章邯势如破竹剿灭张楚之后，别人都不敢捋章邯的虎须，英布却敢主动出击，带领着弟兄们在青波（今河南息县与新蔡县交界处）大破秦军，顺势夺回了陈县。

一场大胜并没有使英布头脑发昏。他知道自己不是军事统帅的材料，并不奢望挑翻秦朝、平定诸侯当皇上。因此听说项梁占领会稽、陈婴率军归附，英布当机立断，也投靠了项梁。

项梁转眼间不费吹灰之力就成了拥有六七万兵马的强大阵营的领袖。实力大涨的他首先对张楚政权残余势力发起攻击，借口是"陈胜生死不明，秦嘉却擅自拥立景驹为王"。真实目的是拓展领地、扩充军队、把隐患消灭在摇篮中。结果，秦嘉战死，景驹在逃亡中被杀，部队被项梁照单全收。

项氏势力从此开始在天下诸侯中占有了沉重的分量。

项梁殒命

夜色深沉，万籁俱静。濮阳城内，章邯整军待发。微弱的星光掩映下，密密麻麻的人影悄无声息地站立着。人人嘴里衔好了枚，战马也勒住了嘴。军官们用阴狠的目光来回扫视，试图寻找出一个敢于出声的倒霉蛋立威。没人敢说话，章邯也没有说话。他只是猛地一挥手，千万人组成的大军骤然而动，秩序井然而轻盈地飞奔出城，直扑定陶。

深秋的定陶，夜色中冷气袭人。天越冷，人睡得越香。就连夜巡的士兵也睡眼惺忪地履行巡逻职责之后，溜到背风的角落悄悄打盹儿。

在项梁军毫无警惕和察觉之中，章邯军已经摸到了项梁军大营附近。看着酣睡中的楚军大营，章邯伸出猩红的舌头舔了舔嘴唇，森然地冷笑一声。多么丰盛的一顿美餐啊！他伸手指向项梁大营，低吼一声："杀！"

一声令下，秦军如同风卷残云一般杀了进去。楚军根本没有防备。他们丝毫没有想到章邯还有出击的胆量。骄傲的楚军被秦军肆意屠戮着。被惊醒的人如同没头苍蝇一般四处乱撞；来不及起身的人则被堵在营帐里乱刀分尸；那些奋勇拿起兵器抵抗的，在挥刀的瞬间就被数支羽箭射穿。

就在这个凄美的夜晚，新楚国的缔造者、陈胜和吴广之后最著名的一代猛将项梁，在乱战中窝囊地战死了。他的尸体只是与士兵们倒在一起，没有显得更壮烈、更高贵。死亡面前，从来没有高低贵贱的分别。

楚国的一杆大旗在猎猎风中折断。噩耗传来，正在奉命攻打陈留（今河南开封市陈留镇）的项羽、刘邦目瞪口呆。项梁死了，陈留久攻不下，他们该何去何从？来不及悲伤，来不及祭奠，考虑到项梁之死对楚军士气的打击，刘邦、项羽立即仓皇东撤，项羽军撤至彭城（今江苏徐州）之西，刘邦军撤至砀县（今安徽砀山县南）。

楚后怀王熊心乍闻项梁战死的噩耗，心中欣喜若狂！这哪里是什么噩耗，对他熊心来说分明是个天大的喜讯！

项梁的存在，使熊心一直笼罩在死亡的阴影中，熊心当然不甘心。他想活下去，他想风光地当一回楚王，他想不受任何人约束地发号施令。项梁活着的时候，他没有任何机会，只能被动地等着死亡。谁能想到没有忍耐多久，机会就这样意外地到来了！

熊心很激动，他要迅速把权力掌握在自己手中，不让任何人再掌握自己的生死。为此他做出决定：北上迁都彭城。来到彭城之后，他立即传出几条命令：收回项羽、吕臣的兵权，拜吕臣为司徒，拜吕臣的父亲吕青为令尹，封刘邦为武安侯，以平衡其他将领与项羽的势力。当然，对项羽也有必要安抚一下，以免项氏强烈反弹。怀王熊心封项羽为长安侯，称鲁公。

此时，楚国盟友姬豹也在西线密切注意着章邯军队的动向。带着熊心拨给的几千人马，姬豹一路横冲直撞，没几个月，竟然从秦军手里夺回了二十几座城池。楚怀王立即封姬豹为魏王。

项梁战死后，项羽、刘邦、吕臣在彭城一带准备迎击，姬豹准备从后方夹击。两国各就各位，静候章邯。结果，消灭了项梁军的章邯对楚国的残兵败将不屑一顾。他没有追剿楚国有生力量，而是挥师直奔赵国而去了。

警报暂时解除。熊心感到迫切需要一个可以依靠的心腹辅佐自己。

那么，谁才能成为熊心的擎天白玉柱、架海紫金梁呢？就在熊心考虑这个人选的时候，高陵君来到了楚国。听取了宋义建议的高陵君果然躲过了一场杀身之祸，不由得对宋义佩服之至。因此，在得到熊心的召见后，高陵君向熊心提起了这件事："我奉命去见武信君，恰好遇到出使我国的宋义将军。宋义对我说武信君不久必败。没过多久，武信君果然兵败身死。还没交战就能看到失败的征兆，这说明宋义将军是熟知兵法的军事专家。大王有这样的人才，我真替大王高兴。"

听了高陵君的赞誉，熊心心里暗暗称奇，立即把宋义招来问对。君臣相见之后，对当前形势、应对战略等大事进行了深入讨论。熊心对宋义非常满意，当即拜宋义为上将军，赐封号为卿子冠军，命他统帅诸将。"卿子"是公子的意思，是一种尊号。宋义为上将军，全军中级别最高，所以又称冠军。同时，为了安抚项羽，他又拜项羽为次将，范增为末将。

在熊心抓紧时间掌握权力的时候，章邯军已经以凌厉之势渡过黄河，一路斩杀，势如破竹地攻入了赵国都城邯郸（在今河北邯郸市）。章邯打下邯郸之后，做了两件事：一是掠夺人口，把赵国的百姓迁到河内（今河南武陟西南），减少赵国人力资源；第二是毁掉城池，把邯郸彻底破坏，夷为平地，让赵国失去东山再起的根基。赵王歇被人扶上王位没多久，就被章邯追得四处逃命，一直逃入巨鹿城（今河北平乡）。章邯这回执意要斩草除根，咬定赵王歇毫不放松，派率领北方军团前来增援的副将王离军队团团围住巨鹿，他本人率军在巨鹿城南屯军准备打援。

为了保住赵国这个盟友，高瞻远瞩的熊心命令宋义率领楚军主力营救赵王歇。

秦二世三年（公元前207年）闰九月，楚后怀王熊心命令卿子冠军宋义率项羽、范增、英布等将领北上救赵，命令刘邦独领一军西进攻秦，沿路收集陈胜、项梁余部，并与诸将对天盟誓，约定"先破秦入咸阳者王之"。项羽不愿意北上，希望跟刘邦一道西进伐秦，为叔父项梁报仇。熊心以前备受项梁欺压，早就跟项家结下了仇，哪能让项羽如愿？

项羽碰了一鼻子灰，这时候大权都在熊心手里攥着，项羽只好从命。

十月，辞别了楚王熊心，宋义和刘邦分别率军出发了。宋义行至安阳（今山东曹县），让军队就地驻扎听候命令。此时，安阳离巨鹿直线距离只有不到五百里。全军做好最后的准备，士兵们都相信，决战的时刻就要来了。

第三章

谁的江山，马蹄声凌乱

怒杀宋义，项羽重夺兵权

宋义奉命救援赵军，走到安阳驻扎下来之后再也不见行动。

这一待，就是46天。赵王歇就像久旱盼甘霖一样眼巴巴地盼着楚军的到来，宋义却悠然自得地在安阳看风景，楚军将士摸不透卿子冠军（宋义号）打得是什么主意。

宋义不着急行动，项羽着急，忍不住怒言："我要西进，你们不让我去，而让我北上。今我随军北上，宋义偏偏赖在这里不走。打又不打，退又不退，安的是什么心！"实在无法忍受的项羽气冲冲地去找宋义："将军，秦军现在将赵王困在了巨鹿城，我们奉命援救，应该迅速渡河发起进攻。赵、楚两军内外夹击，秦军必败。时机稍纵即逝，您怎么还不出兵呢？"

宋义看是项羽，暗自撇了撇嘴，甚是不屑，但还是摆出一副和蔼可亲的面孔："贤侄，你所言差矣。牛虻厉害不？叮得老牛毫无办法。可是这么厉害的牛虻，偏偏就拿虮子虱子没办法。秦国好比牛虻，赵国好比虮子虱子。秦国想一口气拿下赵国，哪那么容易啊？我之所以命令大军驻扎在这里，就是为了等待时机。如果秦国胜了，必然士卒疲惫，我就乘他疲惫的时候打过去。如果秦国败了，那更好了，我直接引兵西征，一举灭掉秦朝。这就叫以逸待劳。冲锋陷阵，我不如你；

运筹帷幄，你不如我。这仗该怎么打，你就不用操心了。"跟项羽这边客客气气地说完，宋义转过脸去就阴沉地对亲兵下令："传我的命令，今后凡是有对将士凶猛如虎、对上司违逆如羊、对财物贪婪如狼、倔强不听指挥的，斩！"

锣鼓听声，说话听音，这道命令明显就是专门冲项羽来的。项羽平素性格暴躁，对手下张口就骂、抬手就打，对宋义也是一点不服气，不听指挥。宋义此刻正是指桑骂槐，说项羽的不是。言下之意要是项羽再有意见，就要他的脑袋。

项羽知道，只要找到借口，宋义真的敢杀他。于是，他决定暂时忍耐。

震慑了项羽，宋义算是出了口恶气。这时，齐国田荣为了讨好宋义，请求宋义让儿子宋襄到齐国做国相。这种好事宋义怎么会不答应？当即亲自为儿子送行，从安阳直送到无盐（今山东东平东部），送出400多里地。前边说过，安阳到被秦军围困的巨鹿也不过就是400多里地。宋义此举甚是嚣张，不仅来了一场"四百里相"送，还在无盐大摆酒宴，跟儿子喝了顿饯行酒。当时正是深秋时节，天气寒冷，又下了大雨，楚军粮草不够充足，全军将士又冷又饿，宋义却陪着儿子喝酒吃肉，大家不由得心生怨言。

宋义的嚣张令项羽再次爆发。他恨恨地骂道："我们本是来救赵伐秦的，但是宋义这老匹夫止步不前！今年本就闹饥荒，老百姓没饭吃，将士们也靠吃芋芳掺豆子过活！咱们军粮短缺，这老匹夫却在那大摆酒宴！士兵们没饭吃，他不说带着大伙进入赵国取得补给，跟赵国合力攻秦，反而说要等秦军疲惫了再出兵！凭秦国的实力，灭掉赵国有什么困难可言。赵国一旦被攻占，秦国更加强大，到那时，还谈什么利用秦国的疲惫！我们刚刚打了败仗，大王忧心忡忡，把全部的兵卒粮饷交给他，对他寄予厚望。国家安危，在此一举，可他倒好，不体恤士卒，反而徇私舞弊！他还算是个人吗？"

项羽越说越激动，越想越生气，杀意充塞肺腑，久久难平。

第二天一早,醒了酒的宋义擂鼓聚将,在帅帐内开早会。见诸将到齐,宋义清了清嗓子,刚准备说话,只见项羽突然抽出宝剑,带着呼呼的风声扑到宋义面前,举剑就砍。剑光一闪,宋义的头颅骨碌碌滚落在地!

诸将惊叫声一片,个个呆若木鸡。帅帐内的空气仿佛凝固了。项羽冷笑一声,抓住宋义的头发,将头颅提起,对诸将高声说:"大家不必惊慌。宋义与齐国密谋反楚,楚怀王秘密令我来锄奸!"

项羽一手提人头,一手提宝剑,眼里凶光四射,身上杀气四溢。诸将全被项羽震慑,没有一个敢出声质疑,异口同声地说:"当初扶持楚怀王上台的,是您项将军一家。今天您诛杀这个叛逆,这是您的家事,我等不敢干预!"在一片恭维声中,终于有人提议让项羽暂时代理上将军之职。

项羽毫不推辞,立即就发布了代理上将军一号令:追杀宋襄!这道命令被坚决执行。负责追杀的将士一直追到齐国境内,才追上毫不知情的宋襄,将其人头提了回来。

手握兵权的项羽当即派大将桓楚给楚王熊心送信,名为汇报事件经过,实为向熊心讨要正式任命。熊心听说宋义被杀,顿觉晴天一声霹雳,几欲昏倒。他心中暗暗念叨:完了,全完了!寡人所托非人,才脱虎口,又入狼窝。天意如此啊!

无奈之下,熊心正式拜项羽为上将军,授予印信。但是,趁自己说话还有点力度的时候,熊心还是给项羽设置了点障碍。除了当阳君英布和蒲将军这两员大将没办法调走外,其他将领按照熊心的命令,全都不归项羽管辖。因此,此时项羽能够任意调动的兵力只有五万。

项羽心里却是做了另外的打算:楚国是自家的地盘。楚怀王、卿子冠军都不作数,还不都是要听他项羽的。若是谁敢不听,他杀了那人便是。

虽然已经站在了权力的巅峰,但是项羽的能力足不足,还需要实战来检验。不管是出于何种考虑,奉命救赵的项羽已经不能回头。

项羽军，五万。

王离军，二十万。

一比四的军力对比，制造了一场史上著名的疯狂一战。

巨鹿一战成名

被王离困在巨鹿已经数月之久，赵王歇绝望了，张耳也绝望了。面对城池残破、将士疲惫、人心惶惶的惨况，赵王歇和张耳动摇了，继续坚守下去还有什么意义呢？

就在这紧要关头，项羽来了。

项羽首先拨给当阳君英布和蒲将军两万人马，让两人率领大军队渡过黄河，专门破坏王离军的运粮甬道。

打仗，打的就是钱粮。王离统帅二十万大军。如果让他们吃饱喝足，对兵力过少的各路诸侯来说，绝不是一件好事。而一旦粮草供应不上，王离军必会士气低落、军心不稳，这就要好对付多了。

英布和蒲将军也都是当世猛将。他们渡过黄河后，在章邯开挖的河道两岸神出鬼没，各种手段无所不用其极，彻底破坏了王离军的粮草供应，断了王离的甬道。

自从有了甬道，王离军就没注意囤积物资。甬道一毁，围攻巨鹿的秦兵开始饿肚子了。暂时性地粮道断绝并不能使王离退却。王离相信章邯不会坐视不管，自己只要安心对付巨鹿就行了。

章邯得到报告，果然立即派人追击楚军。英布和蒲将军不愧是项羽麾下的猛将，不仅牵着章邯军的鼻子走，还屡屡进攻得手，逼得章邯军频频后撤。

秦二世三年（公元前207年）十二月，项羽得知英布和蒲将军顺利执行了预定战略、王离军已经断粮之后，立即挥师渡过黄河。军队刚刚成功登岸，项羽就传下一条十分决绝的命令：把渡船全部凿沉，饭锅全部打破，每人只准留三天的口粮。

采用"破釜沉舟"这个对自己够狠的办法断绝了包括自己在内的

楚军的后路，项羽成功地使士兵们由骄奢陷入绝望，又因为绝望而变得凶狠。

三万人马一个不留，在项羽的率领下倾巢而出，杀向巨鹿。

正所谓置之死地而后生。在没有后勤可做保障的情况下，楚军没有了侥幸心理，只能选择拼命。三万楚军气壮如山，带着绝望的眼神，咬着森然的钢牙，挥舞着泛着寒光的兵器，怒吼着冲向王离军，如同虎入羊群一般疯狂砍杀。

百战百胜、兵骄将傲的北方军团已经很多年不曾见过如此凶残的对手。王离军越打越混乱，越打越恐慌，越打损失越惨重。

就这样，项羽军与王离军九战，连战连捷。秦军主帅王离被俘，副将苏角被杀，另一名副将涉间在楚军包围之下不肯投降，自焚而死。

项羽军在战场上奋勇冲杀的时候，"巨鹿围观团"主要人物陈馀、臧荼、田都、张敖等人继续保持围观，看着三万楚卒以螳臂当车的勇气追杀二十万秦军。这些人看得都呆了：三万打二十万，人少的追着人多的杀。此仗简直是惊世骇俗。几员大将争先恐后地下命令，围观了数月的援军们如山崩地裂般冲了出来。那真是，人如杀神再世，马如挟翼重生，矛似蛟龙出水，刀似猛虎带风。

巨鹿之战，战果是辉煌的。项羽以少打多，一举影响了秦末历史走势，在中国战争史上留下了又一次经典战役。

战争结束后，项羽端坐中军大帐，传令召见各路援军将领。诸将战战兢兢来见项羽。没等进项羽的帅帐，刚到军营就全跪倒了，膝行至项羽面前，头都不敢抬，趴在地上大气都不敢喘。

项羽本来心里有气，可是一看见诸将这幅服服帖帖的模样，他又高兴起来，把大伙拉起来好言安慰。自此以后，天下诸侯、大将都尊项羽为上将军，服从项羽统帅，甘做项将军的马前卒。

章邯战败，胡亥稳坐江山

自从巨鹿之战秦军大伤元气之后，秦军士气低落。当时，章邯军队驻扎在棘原（在河北平乡之南），诸侯联军驻扎在漳河之南。两军对峙，暂时停战。

章邯坐得住，胡亥坐不住了。

早在陈胜吴广起义的时候，信使急忙向二世胡亥报告，说有暴民造反。胡亥一听"造反"二字，勃然大怒，当即就把信使关进了监狱。这是因为胡亥讨厌造反，恐惧造反。胡亥在这一点上随他父亲。他父亲秦始皇"恶言死"，他是"恶言反"。胡亥不愿意听到造反的消息，下边的人自然就不敢说实话。再有使者来，下人就撒谎说不是造反，只是一群强盗而已，都被抓住了。听到这话，胡亥自然高兴。

然而，掩耳盗铃是没用的，造反就是造反，不是说这些"反贼"是强盗，他们就改行当强盗了。后来，陈胜手下的大将周章快打进咸阳了，胡亥这才知道着急，让毛遂自荐的章邯带着一群苦力迎击，暂时解除了燃眉之急。

秦二世二年（公元前208年），虽然陈胜吴广起义已经被镇压，但这场起义点燃的星星之火却越烧越旺，逐渐有燎原之势。右丞相去疾、左丞相李斯、将军冯劫觉得不能由着皇上胡闹了，得赶紧集中精力解决起义，于是联名上书，要求胡亥停建阿房宫，停止征调壮丁戍边。

胡亥特别讨厌别人提意见，不愿意听这些。他说："当皇帝图的是什么呀？那么多人都想当皇上，不就是为了享受吗？不享受，像尧舜禹那样，衣食住行都跟奴隶差不多，干活都像奴隶那么干，那还当皇帝干什么啊？直接当奴隶去得了！我享受一下又怎么了？只要我规定好法律制度，你们遵照执行就行了？帝王号称是万乘之君，我这皇上当得名不副实啊！我就是要造千乘之銮驾、拥万乘之雄师，要不还能算当皇上吗？再说，修长城，修骊山陵，修阿房宫，那都是父皇为了向世人展示功绩修的，出了个把毛贼，你们就想让我做不孝子，你们对得起先皇吗？对得起我吗？"胡亥越说火越大，一拍桌子下令把去疾、李斯和冯劫下入大牢。

就因为这么一次进谏，秦朝当朝三大忠臣全部下狱，吃牢饭去了。

去疾和冯劫有骨气，面对审讯怒不可遏："身为当朝丞相、将军，岂能受刑讯逼供的羞辱！"二人留下这句话，一起自杀了。李斯在史书上有"热衷名利"的评价，哪肯就这么死掉，甘愿受刑也要等着胡亥开恩。

朝廷的官职都是一个萝卜一个坑，老萝卜被拔掉了，自然得栽上新的。于是，赵高坐上了丞相的位子。

赵高也算是家喻户晓的一号人物。有的史书说他是赵国人，因为身负国恨家仇所以来祸害秦朝，有人说他是秦朝王室的远房亲戚，因为犯了罪而被打入奴籍。赵高到底是哪个地方的人，实在是不可考了。不过，他后来做了宦官是毋庸置疑的。

宦官自古以来就是专门负责伺候皇室、王族的人。许多人一听到"宦官"二字，就想到阉人。许多书上还煞有介事地说赵高是中国第一个太监。更有人翻史书时看到"赵高曾经因为犯法而差点被蒙毅处死，幸亏被秦始皇赦免"的记载，就说赵高就是这时候被阉掉的。实际上赵高不是阉人，中国历史上也没有阉人能入朝为相的。

自从帮助胡亥取得皇位之后，赵高充分尽到了奸臣的本分，专门教胡亥吃喝玩乐。这回当了丞相，赵高第一件事就是对李斯下手。史载，李斯"榜掠千余，不胜痛，自诬服"。就是说，李斯被赵高打了千余大板，实在受不了，只好胡乱认罪。

秦二世二年（公元前208年）七月，李斯跟小儿子一起被腰斩于市。腰斩就是用重斧从腰部将犯人砍作两截。人的主要器官都在上半身，因此犯人被腰斩后，神志还能保持清醒，过好长一段时间才断气，相当残忍。李斯临刑之前还跟儿子说："吾欲与若复牵黄犬俱出上蔡东门逐狡兔，岂可得乎！"他这时候才想功成身退，跟儿子牵着猎狗打兔子去，可是没机会了。

赵高坐稳了丞相之位以后，正是项羽巨鹿之战大胜之时。章邯在战斗中面对楚军连连退却的举动引起胡亥的不满。他不管章邯有什么战略意图，只知道现在有人造反，他这个皇帝当得不安稳。因此，胡亥接连派使者斥责章邯。章邯也是胡亥身边的宦官出身，属于近人，知道胡亥的驴脾气上来不讲半点情面。胡亥就连兄弟姐妹都杀，更别说他这个外人。于是，章邯派长史，也就是他的秘书司马欣去咸阳跑关系，疏通疏通。

要见胡亥，先得见赵高。司马欣求见赵高，赵高则闭门不见，不听解释。司马欣一看这情形，知道事情不妙，一刻也没停留，掉头就跑。他也是够机灵，没敢顺原路返回，特意绕了个弯路。司马欣此举可谓有先见之明，他逃走没多久，赵高就派人去抓他，幸亏他绕道而行，捡了一条命。

司马欣一溜小跑跑回军中，拉着都尉董翳向章邯报告："现在是赵高当权。赵高是什么人？嫉贤妒能之辈，最怕别人爬到他上头。有他在一天，您仗打输了肯定掉脑袋，这您也知道；可是仗打赢了，您还是肯定掉脑袋，这您也能想明白。何去何从，您好好考虑一下吧。"董翳更是直截了当，劝章邯背秦降楚。

这时候，陈馀不知道从什么途径知道了赵高要害章邯，大概是为了最后给赵王尽一份心，给章邯写了封信。信是这么写的：

章将军，秦朝以前有一位大将白起，南征楚国，北坑赵卒，攻城略地，立下战功无数。结果呢，竟然被赐死了。白起的事是以前的事，略去不谈。再说蒙将军北逐匈奴，在榆中（今甘肃兰州榆中县）开地数千里，功劳不小，结果竟然被斩首了。这都是他们立下的功劳太多太大，秦王已经拿不出相应的封赏了，所以就找借口除掉。

将军您挂印出征也三年了，十万余将士血溅沙场，换来的却是诸侯越打越多。秦朝赵高当道，嫉贤妒能，阿谀奉上，弄出这么大乱子来。他也怕二世迁怒于他，所以就想拿您做替罪羊，换其他人来平乱，好给自己脱罪。将军领兵在外的时间太长了，跟朝廷里的人越来越疏远，谁能帮您出头？赵高要害您，又没人帮您说话，您是有功也得被杀，无功也得被杀。您就这么等死吗？

现在是老天要让秦朝灭亡，连傻子都知道。将军您现在是在内不得直言进谏，在外将成亡国之将。您独自支撑这种危局，多么悲哀啊！

依我看，将军何不跟诸侯订立盟约，掉头推翻暴秦，占一块地盘称王呢？这不比负隅顽抗而遭杀头之祸、妻儿老小都不能幸免强多了？

章邯接到信后，看了一遍又一遍。信上说得句句在理，由不得章邯不考虑，但是他还是拿不定主意。原因就在于项羽军中许多人原来是陈胜的属下，而车夫庄贾就是在他章邯的诱惑下害死陈胜的，项羽的叔叔又是死在他章邯手里，这深仇大恨能轻易化解吗？

想来想去，章邯决定先试试看，于是派了个心腹去见项羽求和。项羽当场予以拒绝，并且先派蒲将军兵渡过三户津（今河北临漳县西），侧攻秦军自己率军进击，在汙水（今河北临漳县西）大破秦军。

章邯本来就没心思打仗，这一战败更着急了，再派使者诚心诚意地要求结盟反秦，求项羽给他一个重新做人的机会。

项羽之前拒绝和谈其实纯粹是为了立威。他虽然打败了王离，但是还没真正与章邯交过手。如果这时候就同意结盟，日后章邯未必肯听话。但是也不能非要消灭章邯。伤敌一千自损八百，而且项羽还急着打咸阳，不想耽误时间，加之此时正值青黄不接的春季，军中粮草不足，不利久战。所以，项羽本来就是要先通过胜利让章邯服气，让诸侯服气，然后再和谈。现在时机成熟了，项羽召集众将开会，征询众人的意见，是否接收章邯。然而，项羽决定的事谁敢反对？况且能不打仗当然更好，于是，众将举双手赞成。

秦二世三年（公元前207年）夏天的六月，项羽选了个大吉大利的日子，在洹水（今安阳河）南岸举行隆重的受降结盟仪式。盟誓过后，章邯这才放心地来到项羽军中见面。一见到项羽，章邯号啕大哭，把自己追杀起义军等罪行全部推到赵高身上，对自己的"糊涂"真情忏悔，又哭诉了赵高对自己的迫害。

赵国之围彻底解决，章邯军变成了自己人，该是赶紧去打咸阳的时候了。

项羽一声令下，大军拔营启程，剑指咸阳城！

第四章

楚霸王与汉中王

大破咸阳城

刘邦四处乱撞,运气不错,实力日渐强大。估算着日子,分析着形势,他迫不及待地要兵发咸阳。

进咸阳最短的路就是从函谷关(在今河南灵宝王垛村)直接打进去。但是,刘邦是绝对没有这个实力的。

函谷关是中国历史上建置最早的雄关要塞之一,素有"冲要无双"之称。秦国扫平天下之前,函谷关一直是秦国一大门户,就算在秦朝建立后也是拱卫咸阳的东大门,因此备受秦国重视。函谷关城墙坚固高大,地势险要,绝不是现在只有两万虾兵蟹将的刘邦可以觊觎的。因此,刘邦的战略是,绕过函谷关,从武关(在今陕西商洛丹凤县东武关河的北岸)、峣关进抵咸阳。

秦二世三年(公元前207年)八月,刘邦留韩王守阳翟(即今河南禹州市),带张良等人先攻下宛(今河南南阳),准备直扑武关。

这时,赵高已经害死了胡亥,秘密派人来跟刘邦谈判,愿意开关让刘邦进咸阳,但是要求刘邦封他做关中王。赵高为人老奸巨猾,贪得无厌,刘邦根本信不过。再说,刘邦如果进入咸阳,按照怀王立下的约定,关中就应该是他的地盘。把关中给赵高,他刘邦岂不是白白辛苦,为他人做了嫁衣?于是,一半是因为不信任赵高,另一半是因为赵高无耻抬价,刘邦对赵高的请求不予理睬,执意要打武关。双方谈判破裂。既然如此，那就没有什么好说的了，武关再难打也要把它拿下。

武关虽不如函谷关险要，但也是关中咽喉，重要性不言而喻。但这座雄关还是被刘邦攻克了。

《史记·秦始皇本纪》记载："沛公将数万人已屠武关……"从这句简要的记载来看，刘邦在武关下达了屠城令。大概是刘邦攻打武关的时候受了重挫，以致屠城泄愤。

武关之后，还有峣关。所谓关，大抵都是居于"一夫当关，万夫莫开"的险要之地，峣关也是如此。刘邦没办法，硬着头皮就要发兵。

张良连忙阻止："沛公切莫着急。秦军实力还是很强的，不能小视。宜智取，不宜强攻。我听说峣关守将家里本来是卖肉的。商贾之徒重利轻义，可以利用。沛公您先不要动，派一伙人伪装5万人的规模，大张旗鼓地慢慢向峣关进发，同时在山林里边多设几处疑兵。然后您再让郦食其和陆贾多带金银财宝去贿赂峣关守将。这样，有疑兵作威胁，有财宝作诱惑，应该能达到不错的效果。"

刘邦对张良的建议深以为然，马上照办。陆贾和郦食其一样，也是能言善辩、善于外交的人才，跟刘邦比较早。两人到了峣关，巧舌如簧一番游说，守将果然上道，与郦食其和陆贾推心置腹，表示愿意降楚，跟着刘邦一起打咸阳。刘邦得到好消息，马上就要接受峣关守将的投降。张良这时候又站出来阻止了："沛公，您别高兴得太早了。峣关守将愿意投降，这只是他个人的意思。我看其下的士卒恐怕大多不肯跟着他投降。如果士卒们不肯，我们冒冒失失跑去接管，恐遭不测。莫不如趁着峣关将士离心、主将失去警惕的时候，咱们立即进攻，必能大获全胜。"

刘邦对张良言听计从，果然不费吹灰之力拿下峣关。

峣关已下，咸阳城自然也毫无抵抗之力了。

刘邦攻破峣关之后，先于各路诸侯赶到咸阳，驻军于灞上（今西安市东，因在灞水西面高原上得名），派人向秦王子婴下书，以保证人身安全为条件，要求子婴投降。

刚刚在王位上坐了四十六天的秦王子婴环顾四周，内无可用之将，外无救亡之兵。一声叹息过后，他乘坐白马素车，自缚出城，携皇帝印玺向刘邦投降。这是秦国历史上的第一次，也是最后一次。

刘邦军中有不少人深恨秦国，建议刘邦将子婴杀掉。刘邦坚持要展示自己宽容仁慈的一面，想展示仁义之师的风采，想安抚秦人的情绪，因此，他力排众议，接受了子婴的投降，将子婴交给属下看管，自己则率军直入咸阳城。

从秦始皇称帝以来，秦朝历经两帝一王，是中国历史上最短命的封建大一统王朝。至子婴出降，秦的统治就此彻底宣告结束了，一个新的王朝即将来临。

咸阳城是秦国财富的聚集地。刘邦军一进城，就被那无尽的财富晃花了眼睛。人人都陷入了疯狂之中，人人都开始了贪婪的抢劫和掠夺。只有从沛县起义就一直跟随刘邦的萧何与众不同。别人抢金银、抢珠宝、抢女人，萧何抢的是秦国丞相府和御史府内的律令图书、户籍、地图。这些珍贵资料在日后刘邦大战项羽、治理国家时派上了大用场。

对于属下的疯狂抢劫行动，刘邦没有制止，也无法制止。就连他自己，当平生第一次走进一座皇宫的时候，也变得疯狂起来。

贤成君樊哙，刘邦手下屠狗辈出身的将军，后世常因其粗豪勇敢而将其误解为一个莽夫，很少有人知道他隐藏在莽夫外表下的睿智。对刘邦的堕落，樊哙看在眼里，急在心头。他苦劝刘邦放弃这种骄奢淫逸的生活，立即出宫主持工作。张良也劝刘邦以大局为重，莫被暂时的安逸冲昏头脑，莫忘记脾气暴躁的项羽的威胁，赶紧撤回灞上。

听了樊哙、张良的先后劝说，刘邦沉吟良久。一边是眼前的神仙般的日子，但是享受之后肯定凶多吉少；一边是不可预知的未来，可能大富大贵，也可能迅速败亡。如何选择？最终，刘邦还是寄希望于未来，带着几分不舍走出了皇宫。他把宫中的金银财宝全部封存起来，没敢私藏，准备等诸侯聚齐再作打算，自己则带着士兵返回灞上。

虽然名义上暂时还不能做咸阳的主人，但是刘邦没有就这么放弃。他以临时占领者的身份，把关中诸县说了算的地主、豪强、乡老召集到一起商议大事。

在会上，刘邦大声说："诸位父老乡亲，你们受秦朝严刑峻法之苦太久啦！秦朝的严刑峻法诸位也都知道，诽谤朝廷和皇帝的，要族诛；就连两个熟人见面说个悄悄话都可能被砍头。现在咸阳被我占领，秦朝已经灭亡了。我起兵的时候，跟诸侯有约，谁第一个占领咸阳，谁就做关中王。我侥幸占了先，那么将来关中这块地方就是我的地盘了。我不像秦朝那么霸道。今天，我跟你们约定，我定的法律就三条：杀人者，死罪；伤人者按情节轻重论罪；盗窃、抢劫者按情节轻重判刑。这些都按照秦朝原本的规定来。其余的，所有以前秦朝规定的法律，全部废除！所有官吏职位不变，即刻履行职责，百姓们请安居乐业，不要恐慌。总之，我到这来，是要为父老们除害，不是来侵犯你们的利益的，所以请不要害怕！我现在把军队撤回了灞上。等各路诸侯到来，我们再共同制定规矩，然后我来领导大家共建关中！"

跟诸县管事的交代完，刘邦又怕这些管事的为了谋取私利不跟下边的人说，让自己打造群众基础的企图白费，于是当即派人跟着地方官到田间地头去巡视，向老百姓做宣传。

听说刘邦免除严刑峻法、苛捐杂税，关中百姓欢呼雀跃，纷纷杀牛宰羊，载歌载舞地到灞上犒军。

要做好事，就要做到底，否则还不如不做。刘邦当年在乡里也是个仗义的人，此时见老百姓来送礼，更是坚决拒绝："父老乡亲们，你们的一片好意，我刘邦心领！我军中粮草充足，并不缺乏，不想让你们破费。大家赶紧把东西拿回去！"

见刘邦是真的坚决不收礼，老百姓更觉得好日子终于来了。现在百姓们就担心一个问题：大伙好容易摊上这么一个好大王，等诸侯来了，可千万别不让他当咱们的王啊！于是乎，千家万户日日祈祷，盼着刘邦能在关中站住脚。

刘邦有心在关中为王，老百姓也拥护。可刘邦眼大肚子小，说了不算。他想当关中王，还得看项羽答应不答应。而项羽的意见只有两个字：休想！

先入关者能称王

就在刘邦与关中父老约法三章受到热烈拥护的时候，项羽在寂寞地挖坑。

巨鹿之战后，王离被俘，章邯投降，项羽获得秦军二十余万，又带上了四十余万各路诸侯的队伍，号称百万，雄赳赳气昂昂地向函谷关进发。万夫莫开的函谷关，也只有项羽敢打。

项羽率领的诸侯联军中，从将领到士卒，有许多原来都饱受过秦朝劳役和刑罚之苦，受过秦国官吏、士卒的欺负，或者见过这些人的残暴。比如说英布，就是受过黥刑还被抓去做劳役的。大家对秦朝恨之入骨，对秦的士卒当然也没有好感。

项羽派秦军做先锋，本来也没安好心。项羽不待见秦军，手下人就更肆无忌惮。在行军的过程中，联军将士直接就拿秦军降卒当奴隶对待，随便使唤，恣意羞辱。一回两回也就忍了，天天如此，秦军受不了了。人最怕的就是没有归属。这些降卒已经背叛了秦朝，又不被联军善待，时间久了自然生怨。

私下里，项羽军中的秦军就悄悄抱怨，责怪章邯把他们诓骗到项羽这里，但他们的妻儿都在秦国。因为他们的背叛，朝廷必然要杀自己的妻儿，这岂不是得不偿失。

没有不透风的墙。诸侯联军的将军们无意中听到了秦军私下里的抱怨，连忙报告项羽。这可不是小事！岂不是军中出现了要哗变、造反的苗头。一旦处理不好，二十万秦军一同挥戈相向，联军全军覆没都有可能。

项羽又惊又怒，立即把英布和蒲将军招来商议对策。商量来商量去，项羽的最终结论是：不能放任这种随时可能爆发的危机在身边滋长。况且军中没有充足的粮食养这么多人。因此，除了章邯等几个可以留用的秦军将领，其余的秦军必须全部杀掉，坚决不留祸患！

秦二世三年（公元前207年）十一月的一天，诸侯联军在新安（今河南渑池县）扎营休息。睡前，秦军降卒突然被收走兵器、盔甲，不由得人心惶惶。这天夜晚，在项羽的指挥下，联军突然向惊疑不定的秦军降卒举起了屠刀，在新安城南将这些降卒三面包围，只留了一条出口。秦军降卒不知道发了什么事，只知道联军要杀他们。恐惧之下，他们顺着项羽故意留下的缺口疯狂逃窜，哪知道在拥挤和推搡中正好逃进项羽早就命人挖好的大坑。埋伏了半天的联军泼洒下遮天的箭雨，礌石也像冰雹一样砸下。不一会儿，泥土飞扬，大坑被逐渐填满，降卒的最后一声哀鸣戛然而止。曾经纵横了半个中国的二十几万虎狼之师，就这样成了泥土下的冤魂！

二十几万秦军，就仅仅存活了三个人：章邯、司马欣和董翳。章邯是一代名将，利用价值巨大，且归降有功，是以不杀；司马欣曾经在做栎阳县狱掾的时候因曹咎说情，放了犯罪的项梁，对项家有恩，是以不杀；董翳因为劝章邯降楚有功，是以不杀。

还有一个重要人物，史书没有记载，这个人就是接替蒙恬统帅北方军团的大将王离。王离在巨鹿之战被楚军俘获，自此就再没有出现在史书的记载中。那么，王离得到了什么样的归宿呢？

王离的爷爷是秦国名将王翦，父亲是秦国大将王贲。在秦始皇灭楚的军事行动中，最终就是王翦带着儿子王贲大破楚将项燕率领的楚军。项燕就是在此战役中死亡，不知是兵败被杀还是自杀。项燕正是项羽的爷爷。楚国、项燕均亡于王家之手，项家跟王家可以说有血海深仇。以项羽的性格，绝不可能饶过王离。因此，王离的结局只有一个：被项羽亲手杀死。当然，这仅仅是猜测。王离的结局到底如何，已经成了不解之谜。

却说除掉降卒这个心腹之患后，项羽心里的一块石头落了地，快马加鞭直奔函谷关。

到了函谷关，只见雄关城门紧闭。项羽派人邀战，却发现函谷关上是刘邦的人马。虽然是自己人，但是看见项羽来了，守关将士拒不开关放行。

原来，刘邦在灞上驻扎，手下也不知道是哪个谋士，闲着没事找刘邦献计来了："沛公，关中这块地方太富裕了，简直比天下其他地方强上十倍，而且地势还好，易守难攻。按照当初的约定，这块地方就该是您的。可是我听说前些日子章邯降了项羽，被封为雍王，封地就是关中。要是让他们到了咸阳，这块地方恐怕项羽不会给您。我建议沛公赶快派人去把守函谷关，堵住项羽，不让他进来。同时您再从关中征兵，壮大实力，抵抗诸侯。这样，关中就是沛公您的了！"

这人出了个馊主意。以刘邦的实力，想堵住项羽谈何容易！可是刘邦觉得这个建议相当好，合自己的心意，于是没跟张良等人商量就马上照办了。

项羽在函谷关前听说刘邦已经拿下咸阳，还派了兵在这堵他，气得差点吐血，当即传令，命大将英布立即强行攻关。

函谷关是千古名关，这不假；易守难攻，这也不假。可是再难打的关，也得看是谁来守、谁来打。守关的人是非常重要的，刘邦派去的守关兵将，几乎对项羽没产生一点阻碍作用。在英布等人的带领下，联军迅速破关。项羽杀气腾腾，直奔咸阳而来。

封堵函谷关可以说是刘邦的一个不智之举。项羽原本并没有把刘邦视为对手。他不觉得刘邦敢跟自己分庭抗礼，也不觉得刘邦有这个实力。项羽自认为是灭秦主力，牵制住了秦国最后一支大规模抵抗力量并将其消灭，而诸侯对他也是服服帖帖，又敬又怕，从没人敢对他说半个"不"字。函谷关前的被拒，让自尊心极强、占有欲极强、支配欲极强的项羽尤为愤怒。这个行动过早地暴露了刘邦的野心，让兵微将寡、实力不济的刘邦过早地站在了项羽的对立面。

项羽军兼程而行，很快于十二月中旬抵达戏水，在新丰鸿门（今陕西西安东北鸿门堡村）就地扎营。在项羽军西面，就是驻扎在灞上的刘邦军。两军相距仅约四十里。

项羽此时仅仅是生气,倒没有非要把刘邦怎么样的想法。哪知道不怕没好事,就怕没好人。刘邦手下有个叫曹无伤的人,是刘邦军中的左司马,负责执掌军政,生性趋炎附势,热衷名利,爱攀高枝。曹无伤得知了项羽在函谷关大发雷霆的消息,眼珠一转,肚子里坏水翻涌,当即给项羽写了封信:

项将军,我在沛公军中任左司马之职,发现一些情况。我发现沛公想做关中之王。他没向您请示就擅自做主,封原秦王子婴为丞相,将咸阳的金银财宝全都纳入自己的囊中。我认为沛公这样做是不对的,出于一片赤胆忠心,故而向您汇报。

项羽看了信之后,暴跳如雷,哪里会去调查信里的内容是否属实?而且,亚父范增早就看刘邦不是久居人下之人,将刘邦视为项羽的大敌,立即趁机对项羽说:"我曾经了解过,刘季这人是出了名的贪财好色之徒,听说在老家当亭长的时候,明明有老婆,还养了个情妇,另外跟两个开酒馆的女人也不清不楚,还总欠酒账不还。就是这么一个无赖自从进入关中后,听说就像变了个人一样,也不贪财好色,这不是很奇事吗?由此可见,刘季是故意作秀,野心可不小啊。我曾请人夜观天象,发现刘邦头上有天子才具有的五彩斑斓的龙虎之气。将军应该赶快除掉刘季,以免养虎为患!"

范增为了让项羽下决心杀刘邦,都不惜胡说,竟以刘邦头上有天子气为名,要求项羽击杀刘邦。项羽听了更加着急——刘邦当天子,他项羽作何去?于是,项羽传下军令:今晚饱餐战饭,明天一早随他消灭刘邦!

鸿门宴,安能吃得稳

项羽传下军令要攻打刘邦。

当时项羽有联军四十万,刘邦口挪肚攒,好不容易才积累了十万人马。项羽军是百战精锐,相比之下,刘邦军只能说是乌合之众。

四十万精锐对十万乌合之众，怎么看，刘邦也是难逃一死。

也许是刘邦命不该绝。项羽要打刘邦，另一个人却不允许，此人正是项伯。

项伯是项羽最小的叔叔。当年项梁惹是生非到处逃亡的时候，项伯也杀了人，逃亡在外。

项伯逃亡的时候，曾经到下邳投奔张良避难，得到了张良的关照。因为这个缘故，项伯很感激张良。他早就听说张良正跟着刘邦，此时听项羽传令第二天要举兵攻打刘邦，心想：大军一出，刘邦军不堪一击，恩公张良恐怕凶多吉少啊！不行，自己得去救他！

想到这里，项伯坐不住了，趁着夜色，悄悄牵了一匹快马出去。遇到巡逻的哨兵，项伯就说出去散心。哨兵们哪敢拦主帅的亲叔叔？一句话也不敢多问就放行了。项伯溜出军营，翻身上马，快马加鞭飞奔到灞上，跟张良讲了事情经过，一边拽着张良往外走，一边说："赶快跟我走，不然你就没命了！"

张良认定了要追随刘邦，哪能不管。他急忙拉住项伯，推说要跟刘邦辞行。稳住了项伯，张良急忙来见刘邦，把项伯的话学了一遍。刘邦大惊失色，连声问该如何是好。张良肚子里憋着火，问："谁给您出的封函谷关这个主意？您怎么就不跟我商量一下？现在项羽要打上门来了，您觉得您这点兵能挡住项羽吗？"

刘邦想了又想，说："肯定挡不住！这可怎么办，你快帮我想想办法！"

张良胸有成竹："别急，现在着急有什么用？这事还得落在项伯身上。您赶紧跟项伯解释解释，让他帮您说说话。好歹他也是项羽的亲叔叔。"

眼下也只好这么办，刘邦赶紧跟张良了解了一下两人的交情，得知张良对项伯有救命之恩，又了解了一下项伯的年纪，当即让张良把项伯请进来，用对待哥哥的礼节对待他。

为了活命，刘邦自然是用尽了讨好姿态，先是敬酒，越说越热络，把项伯说得不知所以然，甚至把自己闺女许给了项伯的儿子。这样一来，两人成了亲家，刘邦就开始转入正题，再三解释说自己没有二心，恳请项伯在项羽面前说情。

仔细交代一番之后，项伯连夜又赶回鸿门来见项羽，把刘邦跟他讲的那些话又向项羽学了一遍，然后又说："要不是刘邦先破关中，你能就这么长驱直入吗？刘邦那是立下大功的。你现在要杀他，太不仗义了。你别听别人胡出主意，反倒应该善待刘邦，免得大家寒心。"

项羽这人有许多致命的弱点，其中一个就是耳根子软。之前他还怒不可遏要杀刘邦，现在听叔叔这么一说，项羽又改主意了，决定不杀刘邦。

第二天一大早，天刚蒙蒙亮，范增起得特别早，正准备跟项羽出征，却听说项羽又不打了，气得面色铁青。后来他听说刘邦一会儿要来赔罪，心想：正好在这里杀了他，省了一场大战。

不久，刘邦即带着张良、樊哙，在百余人的护卫下来到鸿门求见项羽。刘邦一见项羽，当即拜倒说："将军！我跟将军合力攻秦，将军在河北，我在河南。没想到，我侥幸先一步入关，得以在这里见到您。现在听说有小人陷害我，说了我的坏话，让将军和我之间产生了误会。我对您是绝无二心啊。我今天特地来见将军，希望您能信任我，千万别听谣言。"

项羽被刘邦说得老脸一红，立马就把曹无伤卖了："谁说不是呢？都是你的左司马曹无伤对我胡言乱语，要不我哪能怀疑你呢？"就因为项羽泄密，后来刘邦回到灞上，立即就把曹无伤杀了。

项、刘二人尽释前嫌之后，一来两人多日未见，二来项羽也想安抚刘邦，于是挽留刘邦喝酒。一声令下，鸿门大帐里摆下几张桌子，项羽、项伯、范增、刘邦四人分宾主落座，张良作陪。侍者川流不息，顷刻间摆满酒菜。

坐在一边的范增哪有心思喝酒，冲着项羽连连使眼色，示意项羽赶紧动手。见项羽不搭理，他又再三把自己佩戴的玉玦举起来在项羽眼前晃，提醒项羽尽快决断，不要犹豫。

范增看项羽指望不上，赶紧出来找项羽的堂弟项庄帮忙。项庄按照范增指示走进帐来，装作为众人助酒兴，提出舞剑。项羽知道项庄葫芦里卖的什么药。他自己不好意思下手，乐得别人来背这个黑锅，立即表示同意。

项庄拔出宝剑，闪转腾挪地舞动开来，一边出招，一边往刘邦身前凑，准备下手。项伯在旁边坐着，发现不对，暗叫一声：不好！我昨晚让刘季今天来请罪，保证说准没事。项庄要是杀了刘季，我的脸往哪搁？想到这儿，项伯拔剑而起，用自己的身体护住刘邦，跟项庄对舞。项庄哪敢连叔叔一起砍，只好兜着圈子寻找机会。

眼见着项庄不杀刘邦誓不罢休，张良急忙出去找樊哙。樊哙听说沛公有危险，按剑持盾，硬生生撞倒守卫，闯入大帐，睁着两只豹眼恶狠狠地瞪着项羽。项庄看见突然闯进来一条恶汉，吓得赶紧收剑。项羽也吓了一跳。项羽本来是跪坐在那喝酒看戏，樊哙这一闯进来，吓得他手握剑柄，挺身问张良："这位是谁？"

张良头一次见项羽受惊，心里偷着乐，嘴上没忘了回答："将军，这是沛公的侍卫，名叫樊哙。"

听了张良的介绍，项羽稍微放下心来，不无惺惺相惜之意地赞叹道："真是一位壮士！来人呀，赐这位壮士一斗酒！"樊哙也不推辞，接过酒来一饮而尽。

项羽就喜欢这样的，连忙吩咐："再给壮士来个肘子！"侍者立即给樊哙端上来一个大块生猪肘。樊哙没含糊，接过肘子，以盾牌为砧板，以佩剑为刀，边切边吃，吃得不亦乐乎。

项羽连连赞叹："真是条好汉！壮士，还能再饮一斗吗？"

樊哙抹了抹嘴，满不在乎："我死都不怕，还能怕喝酒？不过，喝酒之前，我有几句话，不说出来心里不痛快！想那秦王胡亥，心如虎狼。他杀人无数，就怕杀不绝，给人用刑，就怕不够狠。就因为这个，天下人才起来反抗。当初起兵的时候，怀王跟大家约定'先破秦入咸阳的人为关中王'。如今我家沛公先到了咸阳,分文都不敢动,封闭宫室,驻军灞上,就为等将军您来接收。之所以派人守函谷关,那也是为了防备流寇啊!沛公如此劳苦功高,您不仅没给封赏,还听信谗言要诛杀功臣!这不是走秦朝的老路自取灭亡吗?我认为项将军您不应该这么做。"

项羽的脸皮薄,被樊哙这样抢白,还真觉得自己对不住刘邦,臊得无言以对。好几个人就这么坐着,大眼瞪小眼,气氛很尴尬。刘邦赶紧趁这个机会装内急:"将军,不好意思,我方便方便,去去就来。樊哙,来扶我出去。"说着,刘邦在樊哙的护送下直奔茅房而去。人有三急,也不能拦着,项羽就坐在那等。等了半天,刘邦没回来。项羽一皱眉:"怎么这么久?陈平、张良,你俩去找找,酒还没喝完呢。"

刘邦为什么没回来?他哪敢回来。这鸿门宴就是个火坑,哪能回去送死?刘邦有心直接跑回灞上,可是不跟项羽告辞又怕项羽发怒;去告辞,又怕肉包子打狗一去不能回。正犹豫呢,樊哙说了:"您犹豫什么呀?现在都什么时候了,他们就是刀子和砧板,我们就是鱼肉,跑还怕来不及呢,告什么辞啊!"

刘邦一想,也是这个理,于是把自己带来准备送给项羽的一对白璧和准备给范增的一对玉斗转交给张良,让张良代为送礼,并且一再叮嘱:"子房,你先不忙进去啊,我抄小路回去,不过二十里地。你估计着我到了军营,再回去见项羽!"说完,刘邦也顾不上那一百来个随从了,弃车骑马,在樊哙、夏侯婴、靳强、纪信四个人的护送下顺着小路回到了灞上。

第五章

乌江歌起道离别

为江山，两英雄大打出手

趋利避害是生物的天性。虽然孟轲先生早就喊出了"舍生取义"的口号，但向来瞧不起儒生的刘邦显然有自己的看法。

那是汉王二年（公元前205年）的三月间。项羽久攻城阳不下，被田横拖在齐国。汉王刘邦在河南边上晃了几圈，发现项羽根本没心思理他，立即点齐人马直奔彭城，企图捣毁项羽的老窝。

这一回，刘邦带的人马非常多，集巴蜀、汉中、塞、雍、翟、殷、韩、河南、西魏等地的人马，凑齐五十六万大军，带着张耳、申阳、郑昌、姬豹、司马卬气势汹汹地杀向彭城。

在路上，刘邦还得知了一件好事：义帝熊心被项羽害死了。这可是鼓动天下人反项羽的一个绝佳借口啊！刘邦心里欢喜得不得了，表面上则伤心欲绝，号啕大哭，为义帝举办了持续三天的隆重丧事，向世人展示他的有情有义，同时突出项羽的无情无义。刘邦还发表了一段讨项宣言："灭亡秦国以后，天下诸侯一致通过，拥立了义帝，以臣子之礼侍奉。可是姓项的居然不守人臣之礼，不仅放逐义帝，还在江南把义帝杀害，真是大逆不道的畜生所为啊！今天寡人和诸侯全身缟素，为义帝发丧。我发誓，要带领诸侯一道讨伐凶手，为义帝报仇！"

刘邦话说得漂亮，其实还是为攻打项羽找借口。项羽是下手早了。若是晚上几年，熊心不死在项羽手里，也得死在刘邦手里。

挥着大义的旗子，刘邦带人杀入楚国，兵临彭城。楚国的主力队伍正跟着项羽打田横，国内空虚，被刘邦捡了个便宜，彭城迅速被攻破。刘邦进了彭城，得意扬扬，把项羽王宫中的女子和金银财宝一并收归己有，每日里大摆筵席，聚众畅饮。这时候樊哙被派出去攻打楚国其他城池，张良则因身体不好而一直休养。刘邦犯了老毛病，可惜没人在他身边规劝。

刘邦以为项羽就这么完了，项羽当然不能如刘邦所愿。在得知汉军杀奔楚国的时候，项羽命令手下继续打城阳，自己带兵三万疾驰而来。三万对五十六万？能行吗？项羽天生虎胆，根本不惧，不要看汉军人马五十六万，可是在刘邦的调遣下相当一部分军队被派出去四处扩大战果了，留在彭城以及附近的汉军只有三十万左右。

就算三十万人，要是正面对决，十个打一个，楚军恐怕也不是对手，所以项羽没选择正面对决，而是在一天清晨发动突然袭击，半天的功夫就从萧县（今安徽合肥萧县）杀到彭城，打了汉军一个措手不及。

两地间的距离有600多里，项羽一路作战仅仅用了半天的时间，可见楚军推进之快，也可见汉军战斗力之差。彭城别看有刘邦坐镇，但是受败卒的影响，军心不稳，士气低落，没一会儿工夫就被项羽夺了回来。刘邦带着败军疯狂逃窜，项羽则马不停蹄，带着三万楚军像老虎赶羊群一样衔尾追杀，居然斩杀十余万汉军。几十万人对三万人，却让三万人杀了十几万，这在历史上也不多见。

因为刘邦战败逃亡，汉军指挥系统已经瘫痪，无法组织有效的反抗。项羽死死咬住刘邦的主力，不给刘邦喘气的机会，硬是把汉军逼到睢水（古代鸿沟支流之一，今已断流）河边。都说背水一战能够激发士兵的勇气，可是这招对汉军不灵。失去指挥的汉军全都争相逃命，人马拥挤之下，居然又有十余万人落水淹死。密密麻麻的死尸把睢水堵得当即断流！

进不得，退不得，刘邦被楚军围了个结结实实，眼看就要成为项羽的刀下之鬼。也许真是天不亡刘邦，也不知道怎么这么巧，就在这时，突然从西北方向刮来一场大风。据说大风吹得天昏地暗,令人不辨西东。一时间,房倒屋塌,飞沙走石,犹如天神发怒,好似妖魔作怪。

这场大风来得太突然和猛烈,楚军人马顿时乱了阵脚。就趁着这个难得的机会,在数十卫士的保护下,夏侯婴赶着马车,拉着刘邦逃出了包围圈。大风过后,楚军将士发现刘邦不见了,立即撒出人马四处搜索。

侥幸捡了一条命的刘邦可不知道追兵就在身后,取道沛县逃亡,一来是顺路,二来也是打算趁机带走家眷。到了沛县家中,刘邦一瞧父亲和妻子比他逃得早,早就不见了踪影,却把刘邦的一双儿女刘盈和刘乐扔在了半道上。这俩孩子命大,正好在路上碰见刘邦,刘邦看见孩子人不人鬼不鬼的样子心疼至极,连忙接上车来,跟孩子抱头痛哭。

刘邦正抹眼泪,便听见车后人喊马叫,马蹄声隆隆作响。他探头一瞧,正是楚军,忍不住惊慌失措,命令夏侯婴火速前进。夏侯婴急忙扬鞭催马,火一样猛跑。可是,马车跑得再快也快不过不拉车的马,何况车上还坐了四个人。只见追击的楚军越跑越近,由影影绰绰变得清晰起来。

刘邦心下一急,伸手一推,只能"啊""哇"惨叫。夏侯婴回头一瞧,刘盈、刘乐两个孩子被刘邦推到车下去了。两个孩子摔得灰头土脸,胳膊、腿都蹭破了,坐在地上哇哇大哭。夏侯婴是个热心肠,哪受得了这个,急忙拉住马,迅速把两个孩子抱了回来。因为这一耽搁,楚军追得更近了。刘邦这次又把两个孩子推下去了,夏侯婴再次停车去捡孩子。如此一来二去,刘邦显然是不想要孩子这个累赘,夏侯婴却舍不得。刘邦本想杀了夏侯婴,但是又担心自己驾车技术不好,反而更逃不了,只好由后者去了。

没想到夏侯婴的确厉害,那么多楚军在后边追,仍是被他带着刘邦等人跑了出去。

逃避死亡和伤害是生物固有的天性,可是保护下一代也是生物的本能。老虎多么凶狠，不会吃自己的孩子。然相比之下，刘邦和吕氏却非如此。吕氏为自己逃命能把孩子丢下，刘邦为了逃命也能忍心把孩子丢下，此情此景未免可悲。

刘邦逃出生天，俩孩子也得了救，他们一起跑到下邑（今安徽砀山）吕雉带兵的兄长那里避难。而刘邦的父亲和吕雉本来是在舍人审食其的护送下要去找刘邦，结果撞到楚军，被项羽抓获。

刘邦这一战败，见风使舵的诸侯又重新选择阵营，司马欣、董翳、姬豹趁机重新投奔项羽，齐国的田横趁项羽不在迅速收复齐国，立田荣之子田广为新的齐王，与赵王歇、代王陈馀向楚国抛出了橄榄枝。

在下邑，刘邦收拢了一些败兵，萧何也急忙在关中征召人马，找不到青壮就召老弱，凑了一大堆人送到前线。刘邦稳住阵脚，在张良的建议下策反了与项羽开始离心离德的九江王英布，迫使项羽派出大将龙且征讨，分散了力量；与彭越联络，得到彭越的支援。在荥阳（今河南荥阳北）之南，聚拢了人马的刘邦与项羽再度交手，顺利地挡住了项羽的攻势。返回关中后，刘邦立刘盈为太子，韩信也被拜为左丞相。刘邦采纳了韩信"北举燕、赵，东击齐，南绝楚之粮道，西与大王会于荥阳"的战略，再度抵达荥阳以牵制项羽主力，为汉军在其他战场寻找战机创造机会。

楚汉，进入了相持阶段。

虞兮虞兮奈若何

汉高祖五年（公元202年），刘邦率领二十多万大军追杀项羽。同时，刘邦向韩信和彭越发出命令，让他们发倾国之兵赶到固陵（今河南太康）与他会师，合击项羽。

当带着兴奋和忐忑的心情打到固陵时，刘邦惊讶地发现，韩信和彭越并没有赶来！孤军作战的刘邦恐慌了。

得知刘邦背约而来，项羽火冒三丈，恨得咬牙切齿，立誓要杀刘邦而后快。第二天清晨，十万楚军悍然出动，向汉军发起猛攻，斩汉军两万余。刘邦被打得狼狈逃窜,退至陈下(县名,今址不详),筑壁自守。

刘邦急得团团转,对张良说:"子房啊子房,你害苦我了。诸侯不遵号令,我该怎么办哪!"

张良连忙安慰道:"大王,您别急。韩信被封为齐王,他知道这不是你心甘情愿的,心里自然有所猜疑。彭越在梁地打游击,对您立了许多功劳,但是因为当时姬豹还活着,你封彭越做魏相。现在姬豹已经死了,彭越还没当上王。况且,楚国快要灭了,韩信和彭越的地盘却没有增加。所以,他们不肯来是当然的事。我建议大王把从陈县以东到海滨一带地方给韩信,把睢阳以北到谷城的地方给彭越,他们要想得到这些封地,就得跟项羽交战,还怕他们不肯出力吗?这样一来,何惧楚军?大王如果能和他们共分天下,他们肯定马上前来。如果您不肯,形势就难以预料了。"

刘邦恍然大悟:"哦,原来他二人是打着这个主意啊。好,子房,我听你的,先许给他们!"嘴上答应着,刘邦心里却想着怎么跟韩信和彭越算账的问题。

刘邦依张良之计而行,韩信和彭越果然大为满意,忙不迭地率大军前来援助。在与韩信和彭越行动的同时,刘邦的堂兄刘贾渡过淮水,成功利诱项羽的大司马(专司武职的最高长官)周殷叛变。周殷领兵清除了占据六县的楚军,迎接英布归来。刘邦当即封英布为淮南王,让他和刘贾、周殷等向东集结,会战项羽。

在刘邦的部署下,齐王韩信率齐军南下,占领楚都彭城和今天的苏北、皖北、豫东等广大地区,兵锋直指楚军侧背,自东向西夹击项羽;彭越率数万梁军先南下,然后西进,与刘邦军共同逼迫楚军;淮南王英布、刘贾、周殷率军数万自淮北出发,从西南方发动对楚地的进攻,先克寿春,再攻下城父;刘邦率本部人马二十余万,出固陵,由西向东进逼。五路大军,近七十万之众,由韩信居中调度,从西、北、西南、东北四面形成了对楚军的合围。面对这种不利局面,西楚霸王项羽被迫向垓下（在今安徽灵璧县东南）后撤。

汉高祖五年（公元前202年），在垓下这个高岗绝岩之地，项羽第一次尝到了被围困的滋味。诸侯将不可一世的项羽重重围困。刘邦自起兵以来，败绩无数，更没有大兵团作战经验。因为出身卑微，他也没有接受过系统的战略战术教育。韩信自从暗度陈仓，大小数十战，未闻败绩，堪称军中之胆，且极具军事天赋，战略战术水平一流。因此，刘邦让韩信担任作战总指挥，全权负责对项羽的最后一战。

韩信当仁不让，发出号令。通过对项羽的研究，韩信发现，项羽最善于打奇袭战、硬仗，不善于打阵地战、持久战。项羽其人，在战斗中的韬略相当匮乏，全凭气势。针对项羽的特点，韩信命令英布、刘贾、周殷军从南面将楚军出路全部封闭；命令彭越军从北封闭项羽可能逃脱的出路；韩信自己亲率三十万齐军，会同二十万汉军，进攻困守垓下的十万楚军，展开决战！

这时，项羽已经处于绝对劣势：西楚位于长江以北的全部土地已全部失陷，十万楚军成为绝对的孤军；楚军已经几个月粮草不足，士兵吃不饱饭，战马喂不饱草料，没有半点补给；相对于疲惫的楚军，诸侯联兵近七十万，士气高昂、体力充沛、粮草充足；决战之时已是数九隆冬，楚军刚从广武撤下来，大多穿着秋季的装备，不能抵抗寒冷；联军分五路有序推进，步步为营，没有留给楚军任何逃脱的可能；楚军此时离江东五郡路途遥远，即使冲破包围圈，也很难在汉军的追击下及时回到故土。

一切准备就绪，韩信率先向项羽发起攻击。项羽泰然不惧，率领楚军倾巢出动，直奔韩信中军杀来。在这种绝境中，与士兵拼杀，只能增加己方的消耗。项羽耗不起。他要用猛烈的进攻拔掉联军的指挥部，为逃脱制造机会。

面对楚军疯狂的进攻，韩信麾下的齐军根本抵挡不住。韩信立即命令主力后撤。韩信退得果断，项羽追得决绝。在这紧要关头，刘邦麾下的汉军从左右两翼杀了过来，援救韩信，迅速将冲在前面的楚军骑兵和落在后面的楚军步兵的联系切断，并对楚军步兵展开屠戮。

项羽见击杀韩信已不可能，急忙转身往回杀，试图援救步兵。就在这时，韩信立即命令大军停止撤退，转而追击项羽。面临前后夹击的项羽只好拼命杀回垓下。

在这场被称为"东方滑铁卢"的垓下之战中，楚军死亡四万，被俘两万，只剩四万随项羽退回大营。汉军伤亡更加惨重，死亡十几万。

项羽退回垓下后，重新陷入诸侯的重重包围中。

夜深了。清冷的夜色中，两军营内的篝火与天上的繁星呼应，点点闪耀。饥饿的楚军将士围在篝火前，相拥取暖。然而，前心是暖的，后背是冷的；脸是热的，心是凉的。很多人都在想：江东，我的家乡，我还能否活着回去见我的爹娘？

没有人说话，没有人走动，整个楚军大营，除了偶尔走过巡逻的小队，就如死一般的寂静。正在这时，汉军营里传来了楚歌声。

刘邦发迹于楚地，又占据了楚地，麾下颇多楚人。当看见昔日的同乡被重重围困，想起几年来倒在沙场上的同袍，也可能是有人授意，他们哼起了楚国的歌谣。

幽咽的楚歌声，像利箭，像铜钩，射入楚军的胸膛，钩住了楚军的心房。悲怆的歌声里，楚军将士泪流满面，遥望南方。那里有残破的茅草屋，那里有倚门而立的白发苍苍，那里有月光下缝补衣裳的娇柔，那里有衔着指头的稚嫩。为了谁的霸业，为了谁的江山，为了谁的欲望，为了谁的梦想，他们要死在他乡？

军心乱了。一个个流着泪水的身影，留恋地看了看他们的王的营帐，消失在苍茫的夜色中。

项羽也被楚歌声惊醒了。他卧榻而听，心情惆怅，叹道："难道刘邦已经把楚国全部都攻陷了，怎么这么多人在唱楚歌？"

美丽的虞姬此时正陪侍在项羽身边。她不是项羽的结发妻子，甚至也不是项羽的正妻。面容憔悴地守在项羽身旁。这位来自江南的婉约女子，无数次跟着眼前这个粗鲁的男人东征西讨，眼见着他的男人越来越焦躁，越来越苦闷。见项羽久久不睡，乖巧的虞姬端来酒菜，哄项羽开心。

望了望跟着自己到处奔波的心爱女子，项羽长叹一声，拔剑而起，慷慨悲歌：

力拔山兮气盖世，时不利兮骓不逝。

骓不逝兮可奈何，虞兮虞兮奈若何！

我有拔山之力，也有盖世霸气。然而，时不利于我，乌骓也不得飞驰。乌骓不得飞驰我无可奈何，虞姬啊虞姬，我该当如何？男愁则唱，女愁则哭。项羽不住地歌唱着，大声歌唱着，宣泄着自己的苦闷。虞姬倚在项羽身边，轻轻地和着：

汉兵已略地，四方楚歌声。

大王意气尽，贱妾何聊生。

唱着唱着，项羽的泪水终于止不住地喷涌而出，左右侍从也哭得抬不起头。

据传，虞姬歌罢强颜欢笑，拿过项羽的宝剑，为心爱的男人最后一舞，然后横剑自刎。

香消玉殒，魂归天籁，独留项羽站在猎猎风中，犹自心痛。

又一个轮回

深夜，不甘心的项羽打算再做尝试。这次尝试，项羽残酷地决定，只带少量精锐，寻找包围圈的薄弱环节杀出重围。而更多的楚军将士是生是死，且看天意吧。

带着八百骑兵，项羽衔枚突围，终于在联军的包围圈上撕开了一条口子，向南遁去。

等到天亮时，汉军才发现昨夜突围的是项羽。虎入山林，祸患无穷。谁都能放过，项羽绝不能放过。追！

骑将灌婴一马当先，带五千骑兵立即追赶，终于寻到项羽的踪迹，紧追不舍。

项羽一路狂奔。逃到阴陵（今安徽定远县西北三十公里处）时，他在空旷的田野中迷路了。

两条路，一左一右，不知哪条路通往江东？项羽急忙向一位农夫打听。农夫畏畏怯怯地指了指："左边这条。"

对项羽来说，很不幸的是，左边这条路正是错误的。有人说，这位农夫是深恨项羽之人，因此故意给项羽指了错误的方向。但也可能是农夫根本不知道彭城怎么走。他被这一大群浑身浴血、携带刀剑的武夫吓坏了，不敢说不知道，索性随便一指，却正好指错了方向。今天，羞于说不知道而指错道路的指路者，仍不鲜见。

项羽并不知道这是一条死路。当他疾驰到路的尽头时才发现，前方是一片不可穿越的大泽。项羽急忙折身返回，正好与紧追其后的灌婴等遭遇。几十万人的重围项羽尚能逃出来，又何惧这区区5000人？项羽再次杀出来，转而向东，抵达东城（今安徽定远县东南二十五公里处）。此时，他身边只剩下28名勇士。

项羽仰天长叹，对这28名最后的追随着说："我起兵反秦至今，已经8年，身经七十余战，从无败绩。我的敌人都被打败，无不降服。因而，我才能够称霸，拥有天下。如今我被困此地，这是上天要亡我，非战之罪。就让我冲入敌阵，放手大杀！临死前定要再斩汉将，砍倒军旗。诸位请看立马扬威！"

汉军很快又追上来了。28人在几千汉军之中显得那么渺小，项羽却犹不畏惧。他把28人分成四队，每队7人，命令他们各自向四方，在大山东边集合。项羽率先出击。他指着敌军对大家说："你们看着，我现在就冲下去，为你们斩杀一员汉将。"说完，项羽一催坐下乌骓马，向汉军冲去。汉军被霸王的气势震慑，纷纷闪躲。项羽趁机手起枪落，果然有一员汉将被项羽杀死。赤泉侯杨喜见项羽单人独骑，想捡便宜，在项羽身后追赶。项羽回头，圆睁虎目，怒叱杨喜，直吓得杨喜掉头就跑，直逃出千米之外。项羽一路奔逃，在逃亡中又斩杀汉军一名都尉、百余骑兵，在指定地点与其余人会合。28名骑士，仅仅阵亡2人。

趁着汉军来不及反应，项羽一直逃到长江边的乌江（今安徽和县东北20公里处乌江镇）。渡过长江，就是项羽的巢穴——江东。在这一路上，剩余的26名勇士或战死或被擒，也全都不在了。

忠于项羽的乌江亭长正泊船而待。他急忙对项羽说："大王，这一带就唯有我这一条船。请大王随我快快渡江。汉军没有船，追不上来！"

项羽望着乌江亭长，开心地、悲怆地笑了。走投无路之时，仍然有如此忠心的人在想着他、念着他，如何不开心？八千子弟追随项羽打过长江，如今无一人生还，如何不悲怆？项羽对乌江亭长说："天都要亡，渡江又有什么用？先前江东子弟八千人跟随我出来打天下，如今只有我一人苟活而还，我又有什么脸面见到父老乡亲们？算了，我不回去了。这匹乌骓马，日行千里，随着我纵横天下。我实在舍不得叫它跟我一起死，就把它托付送给你吧。"

把马硬塞给乌江亭长，项羽步行，回头迎战追兵，又斩杀数百人，身受创伤十余处。这时，项羽在追兵之中看见骑司马吕马童。项羽与吕马童少年时相识，算是故人。因此，项羽对吕马童说："我听说刘季悬赏千金、赐食邑万户，要我的人头。反正我要死了，不如把这好处送给你吧！"

说完，项羽横剑自刎，死在当场。霸王一死，汉军胆子立即大了起来，人人蜂拥上前，争抢项羽的尸体。甚至有人为了争抢而不惜同袍相残，项羽的尸体也被刀剑分割。最后，郎中骑王翳、郎中骑杨喜、骑司马吕马童、郎中吕胜、郎中杨武各得了项羽尸体的一部分，得到了刘邦的赏赐。

项羽自杀后，西楚全部投降，唯独鲁地，因为项羽当年被怀王封为鲁公，秉承孔孟之道的忠君思想，坚决不肯投降。刘邦本欲屠城，但感念鲁人的守礼义、为主死节，最终赦免鲁人。鲁人也在见到项羽的尸体后放弃了最后的抵抗。

刘邦最后封项伯为侯，赐其姓刘，又把项羽葬在了鲁国的榖城（今山东平阴县西南东城镇），并且亲自主持祭礼，放声痛哭。

这一哭，并不全是虚伪，也有对那一段兄弟情义的哀悼。

项羽已死，四海承平，唯有韩信不能让刘邦放心。跟前一次一样，刘邦突然冲进韩信的帐中，夺了韩信的将军印。随后，刘邦对韩信说："义帝无后，况且你熟悉楚地风俗，所以，齐王你就别当了，我改封你为楚王。"于是，韩信被迁为楚王，以淮北为封地，都城为下邳。同时，他履行承诺，封彭越为梁王，以定陶为都。

将韩信与彭越安排妥当之后，刘邦发下赦令：天下纷争八年，百姓饱受其害。现在天下已定，特赦免死囚以外的全部囚犯。

汉高祖五年（公元前202年），天下诸侯率领文武群臣上表，请汉王就皇帝位。

古人就职，职位越高，越要予以推辞，三辞三让方可接受，以表示自己道德高尚、不图名位。对于大家的请求，刘邦自然要先推辞一番。他回复说："我听说皇帝这个尊号是大贤才配有的，我可担当不起。"

诸侯们自然是再次上书，力陈刘邦就是大贤，说："大王起于百姓，诛灭暴秦，平定四海，分封诸侯。如果大王不受皇帝尊号，我们愿意以死相谏！"但这还不够三辞三让，所以刘邦继续推辞，诸侯继续上表。最后，刘邦看似不高兴地说："既然你们都觉得我合适当皇帝，那我就勉为其难，为这个国家当这个皇帝吧。"

刘邦在汜水北岸筑坛登基，给自己改名为刘邦，称皇帝，暂时定都洛阳；吕雉为皇后；太子刘盈为皇太子；刘邦已故的母亲被追谥为昭灵夫人。

这一场刘邦逐鹿，正如李白在《登广武古战场怀古》诗中所云：

秦鹿奔野草，逐之若飞蓬。项王气盖世，紫电明双瞳。呼吸八千人，横行起江东。

赤精斩白帝，叱咤入关中。两龙不并跃，五纬与天同。楚灭无英图，汉兴有成功。

按剑清八极，酾归歌大风。伊昔临广武，连兵决雌雄。分我一杯羹，太皇乃汝翁。

战争有古迹，壁垒颓层穹。猛虎啸洞壑，饥鹰鸣秋空。翔云列晓阵，杀气赫长虹。

拨乱属豪圣，俗儒安可通。沉湎呼竖子。狂言非至公。抚掌黄河曲，嗤嗤阮嗣宗。

西汉王朝，从此正式拉开了帷幕。

第六章

江山自做主，剪除异姓王

狡兔死走狗烹

刘如意升迁为赵王，刘邦就封刘恒为代王。如果说刘盈因不像刘邦而不受喜爱，刘恒更加不受刘邦喜爱。刘恒的母亲薄姬默默无闻，不受刘邦宠爱。刘恒仁爱厚道，也同薄姬一样默默无闻。皇宫里有他母子就跟没有一样。刘恒年幼，陈豨暂代刘恒前往代郡管理。陈豨是宛朐（今山东菏泽县西南）人，有勇无谋。这位陈豨平素敬服韩信，前往代国上任之前，不知还有没有机会回长安，去向韩信辞别。

这些年来，韩信一直都说自己有病，上不了朝。韩信出此招，全因害怕刘邦忌妒他的才能，可是这样一来，朝中对他的怨言更深。韩信恃才自傲，也不管朝臣怎么看他。他称病居家的这些日子，就只有两人前来看望过他，第一位是樊哙，第二位就是陈豨。

曾经叱咤风云、横行天下的韩信，如今不得不称病窝在家中，一无消遣玩乐，二无知己拜访，自然极为郁闷难熬。想到知己，知己就到。正当韩信郁闷苦痛之时，陈豨登门拜访。

有朋自远方来，不亦乐乎！陈豨一来，韩信当然高兴。他拉着陈豨的手在庭院里走了一圈又一圈。韩信一边走一边仰天悲叹，叹了又叹，最后说："你来看我，但你是可以说真心话的人吗？我有好多话想同你说。"韩信如此坦诚，陈豨受宠若惊，马上回答："将军发令，唯命是从。"

韩信是位统兵的天才，樊哙这样威猛的人，娶了吕雉的妹妹后，对他尚且前一声"大王"后一声"大王"的，敬佩之情难表。韩信要告诉真心话，陈豨自然高兴得不得了。

"你将要去的地方，那里部署天下精兵，你又是皇上十分宠爱信任的人。第一次有人告你反叛，皇上一定不信；第二次再有人告，皇上才会怀疑；到第三次，皇上一定发怒，御驾亲征。皇帝一走，我在关中起事，你在外接应，天下就是我们的了。"

对于韩信的能力，陈豨毫不怀疑，甚至就这一点而言，他相信韩信胜过相信自己。能跟这样一位旷世大将干大事，就算失败也会失败得轰轰烈烈，就算死也死得气贯长虹。陈豨信服韩信，将命豁出去，准备大干一场。

于是，到了代郡的陈豨马上广招宾客，大力培植势力。陈豨仰慕古人风范，和门上宾客布衣论交，因此他门下宾客很多，官家房子都给住满了。一进一出，都有几千宾客相伴。陈豨一举一动就牵扯几千家臣，令人不禁害怕。

周昌见事不对，上书刘邦说陈豨的家臣太多了，又带兵在外，要防范他造反。刘邦派人查陈豨家臣的履历，发现他们中的大部分有犯罪记录。陈豨此时已经派人私下串通王黄和曼丘臣等人，预谋造反。造反还没发动，皇帝已经知道信息，韩信当即命王黄劝陈豨自立为代王，即刻攻打赵国，抢占根据地。周昌既然耿直敢言，陈豨就该让他吃吃告密的苦楚。

赵国驻有刘邦的爱子刘如意和耿直敢言的周昌，刘邦大怒，命太子刘盈征讨。

太子亲征这事并非表面上那么简单。前来保护太子的"商山四皓"竭力反对，他们认为，如果太子带兵征讨会很危险。他们对吕泽说："太子带兵在外征讨，对他继承皇位没多大益处。如果没功，从此将留下话柄，妨碍接任皇位。况且让年弱的太子和开国功臣同去，那些开国功臣可都是跟随皇帝打天下的勇将，蛮横得紧，让太子带领他们，不是驱羊入虎口吗？那些老将，他们一定不肯听太子调遣，打仗无兵将，必然无功。我们听说，如果母亲受宠，孩子一定会被父亲喜爱。戚姬日日夜夜陪伴在皇帝身边，赵王天天见到皇帝，皇上一定会说'我绝不能让不成器的人位居于我爱的孩子之上'，到时赵王就会被立为太子。你快快让吕后趁戚姬不在时，向皇上哭诉，说'陈豨是天下猛将，善于用兵，现在太子带领的将士都是你的故旧部属，恐怕他们不听调遣，如果陈豨听说此事，他将一鼓作气，向西攻进，直取长安。你虽然不舒服，但打起精神坐在车里，躺着也有人照顾，你御驾亲征，那些将领有谁敢不效死力。我知道这很辛苦，但为了我们母子，你就去吧'。"

刘邦想借太子出征一事，随便找个碴儿将刘盈废了，另立刘如意为太子，可是"商山四皓"早就看透了，给吕雉出这一招，看来刘邦还得御驾亲征。

吕雉向刘邦一哭，死缠活赖，果如四人所料，也如韩信所料，刘邦御驾亲征。打天下的是我，守天下的还是我，刘邦好不气闷。

汉高祖十一年（公元前196年）冬，刘邦亲征陈豨，群臣送到灞上。刘邦自沛县起兵就征战四方，那时年轻，也没多大关系；然而，年纪每增一岁，身体就一日不如一日。打了大半辈子，好不容易打得这天下，刘邦还要再打。打天下难，守天下更难。

刘邦出外亲征，韩信装病没跟随前往。刘邦刚走，韩信私下派人到陈豨处，又和家臣计划如何假装大赦罪犯和奴隶，趁机发兵攻打吕雉和太子，一举夺取长安，称霸天下。韩信将一切布置得妥当，只等陈豨消息。

"真是天助我也！"这是刘邦到了邯郸之后的心情。他见陈豨不据守邯郸却驻防漳水，很高兴，心想陈豨死期不远了。刘邦攻打陈豨，卢绾也想尽尽力，表表忠心，从东北方攻击陈豨。陈豨兵败，派人去向匈奴求救。卢绾也派张胜去劝匈奴不要帮助陈豨，但张胜将卢绾给弄成反贼。

韩信久等陈豨的消息不得，却等来了一个叛徒。正当大事之际，韩信门下一位名叫栾说的舍人得罪韩信，被抓关起来，将要问斩。栾说有位弟弟，将韩信的密谋全部告诉吕雉。吕雉想直接招韩信进宫诛杀，又担心刘邦不在，韩信拒不受诏令，于是招萧何密谋。韩信称病，强横的吕雉都如此忌惮，可见韩信威势慑人，既使人害怕，又令人敬服。

突然，宫中大传，刘邦回来了，陈豨已死，朝臣全体入朝拜贺。萧何来见韩信，说："你虽然身体不舒服，这么大的喜事，还是要去贺贺，解解朝廷对你的疑心。"韩信消息不通，不知真假，借此机会，欲往宫中探听虚实。

所谓"成也萧何，败也萧何"，韩信太过相信这位老朋友了，他刚一入朝，就有一众武士跳将出来，干净利落地将他绑了，吕雉下令立刻斩首。刽子手手起刀落，韩信死在长乐宫的悬钟室。原来刘邦还没回来，一切全是萧何的主意：诈称陈豨被诛，刘邦回来，宣韩信入朝，即刻问斩。后世流传"成也萧何，败也萧何"这句成语，原指韩信的生死起落都拜萧何所赐，后来指某些东西关涉成败。

韩信临死，留下一句话，说："我当初不听蒯通谋划，致使今天命丧女子计谋，难道不是天意吗！"

大凡名人，他的遗言不论如何总对历史有那么一点点影响，韩信的也不例外。韩信话中提到蒯通，他因此受到牵连。原来，刘邦大破陈豨归来，听说韩信死了，又高兴又哀伤，真是百感交集。

"韩信死时有什么说的？"刘邦问吕雉。

"有什么说的，他说后悔不用蒯通之计，致使遭受妇人之谋，难道不是天意。"

刘邦大怒，说蒯通竟然敢教人谋反，下令将抓捕蒯通，热水伺候。

猛将彭越身死名辱

蒯通劝韩信谋反，韩信不听，他害怕被诛，装疯扮傻，改做请神送鬼之事。蒯通似乎预知自己会因韩信之死而受牵连。但蒯通是位游说辩士，辩才无碍，他当然也要为自己开罪。

"你为什么要教韩信谋反？"刘邦恨恨地问。

蒯通不装疯，一字一顿地说："我劝韩信的时候，我只知道韩信，不认识你刘邦。秦国无道，丢失天下，这天下就好比一块大肥肉，大家都可以抢。谁不想做皇上你今天所做的事？只是能力不及罢了，你能将这些人都给杀光吗？"刘邦听后，觉得言之成理，放了蒯通。

蒯通如此能言善辩，几句话就将怒气冲冲的刘邦安抚住了。蒯通侍奉韩信不止一日，他也不只一次对韩信讲道理，可韩信就是不开窍，这就是人与人的差别。韩信有此谋臣不用，致使身为妇人所斩，可悲，可叹！

韩信一死，刘邦就对那些称病的人大起疑心，想他们躲起来的原因就是有密谋。如果没有密谋，就不会见不得太阳，就不会整天称病在家。这样一想，刘邦突然想到一人，那人名叫彭越。

彭越字仲，昌邑人（今山东金乡县西）。他是盗匪起家，跟随刘邦打天下。项羽死后，彭越就是梁王，住在定陶。头几年他还来朝拜，后来朝拜就淡了，最后称病不朝。

刘邦领兵攻打陈豨，在邯郸就向梁王彭越征兵。刘邦本意不是征兵那么简单，而是想让彭越领兵相助。彭越称病，派部属带兵到邯郸见刘邦。刘邦大怒，派人前去责难彭越。彭越很害怕，想去向刘邦谢罪。

彭越部下大将扈辄对彭越说："你开始不去，待皇上责备后才去，这不是明摆着心里有鬼吗？你这一去，必然被抓，还不如起兵造反。"彭越不用扈辄之计，也不去见刘邦，仍旧称病居家。

刘邦所封的异姓王，都是该反不反，不能当机立断，致使命悬人手，实在可悲！

韩信表面称病，实际却在家谋反。刘邦再想，实在觉得彭越可疑，苦在证据不足。正巧彭越的太仆犯事，逃到关中，告诉刘邦说彭越与扈辄想要造反。刘邦一听，机会来了，马上派人突击逮捕彭越，并将彭越押到洛阳。廷尉审讯，确定彭越称病的性质为意图造反，去问刘邦该如何处置彭越。

刘邦突生慈心，念在彭越以往的功劳，没杀彭越，贬彭越为庶人，也就是贬为平头百姓，将彭越发配蜀地青衣（今四川乐山县北边）。

彭越是山东人，被发配四川，自然极是不愿意，苦苦寻思挽救之法。

这一日，彭越等向西走到郑（今陕西华县），恰好遇上吕雉从长安东去洛阳。不晓得彭越是老糊涂了还是被吓傻了，他竟然去求吕雉。病急乱投医，彭越死得糊涂。

彭越声泪俱下地求吕雉。"皇后啊，我真的没有想造反，我是无辜的呀。求你看在我们一起打天下的分上，向皇上求求情，我只想回到故乡昌邑。"彭越哭得可是越来越凄凉。

彭越是开国大将，落得如此，怎么不凄凉。相比而言，韩信就比他硬朗多了，临死就一句：吾不用蒯通计，反为女子所诈，岂非天哉！

韩信这一句，可以说是声震古今，然而，彭越没有从韩信这句话中领悟。如果彭越能读懂韩信这句话，他马上会退避三舍，避吕雉如避鬼。

吕雉对彭越说："你放心吧，你的事我全都知道。你忠心耿耿，不像韩信，我一定在刘邦面前替你求情。"吕雉嘴上说得好，行动更爽快，带彭越一起去洛阳。一路上，吕雉对彭越可是好得不能再好，可能刘邦都没享受过此等待遇。

刚到洛阳，吕雉就去见刘邦，彭越感激涕零。

"彭越是壮士，你把他发配到蜀地，不是养虎遗患吗？依我看，不如将他杀了。你放心，我会给你省事的，我连他的人都带来了。"

吕雉说得绘声绘色，刘邦听后豁然开朗。

吕雉心狠，刘邦手辣，彭越死定了。

吕雉带彭越回来，为安定彭越，自然不会让彭越再回牢里去，而让彭越住在自己家里。

突然，吕雉的家人上告彭越谋反。廷尉上奏刘邦，刘邦皇令一下，连彭越的宗族都给灭了。开国大将落得如此下场，真让后人不忍听闻。彭越一介武夫，可能不知道"是可忍，孰不可忍"。

人就是一日不如一日，曾经驰骋沙场的彭越，竟然就这样被吕雉给杀害了，而且到死都不知道自己是怎么死的。说不定，彭越在阴间还说吕雉好。一代战将，如此死法，真是可悲！

彭越死后，头被悬挂在洛阳城上，刘邦下了一道令：谁为彭越收殓，就抓谁。这时有一位身穿官服的人前来向彭越的首级奏事，奏完事后，他竟然将彭越收装入殓，大哭痛哭。

这痛哭之人，就是栾布。栾布和彭越关系好，彭越救过他一命。彭越出事时，栾布恰好出使齐国，不在朝廷。分别才几日，回来一见，故人兼救命恩人被枭首示众，如何不痛哭？

逮捕栾布后，刘邦大骂："你是彭越这反贼的同伙吗？我命令不准收殓彭越，你偏偏收殓，还大哭痛哭，这明明是反贼行为。拉出去，煮了。"士卒将栾布抓到热水面前，栾布回头对刘邦说："我想说一句话再死。"栾布嘴上说"说一句话就死"，其实心里想的却是"说一句后就不会死"。

"说什么？"刘邦此时就像满脸杀气的刽子手。

"当初皇上被困彭城，败在荥阳、成皋之间，项羽之所以不能向西前进，全因为彭越兵驻梁地，同汉军一起对抗楚兵。那时的成败全系在彭越的一念之间，彭越帮助楚兵，楚兵就赢；彭越帮助汉军，汉军就胜。况且垓下之战，如果没有彭越，项羽不会死。平定天下之后，彭越被封为王，他本想让王位传递万世。你向梁王征兵，梁王有病不能率军前往，你就怀疑他谋反。他也没有谋反的行动，你就凭细枝末节将他斩了,我只担心功臣们因此而人人自危。现在彭越死了,我也生不如死,你就将我煮了吧。"

刘邦一听,觉得栾布的话不错,于是将栾布给放了,封为都尉。

刘邦虽然放过栾布,但是他将彭越剁成肉酱,每位诸侯都送一碗。正因这一碗人肉粥,又害死了一位开国功臣。

手足反目,卢绾身亡

当初刘邦攻打陈豨,卢绾为表忠心,也从东北方尽力攻打,并派一人去劝匈奴不要帮助陈豨。卢绾又出兵,又出智,用心是忠诚的。然而,好的用心总会在实践中偏离正道。一旦偏离正道,就成了邪道。

为了斩杀逃向匈奴的陈豨,卢绾派张胜前去匈奴,说陈豨已经大败,劝匈奴不要帮助陈豨。张胜忠于卢绾,不想反汉朝。卢绾和张胜,他们原本对汉朝都是忠诚的。

没想到,张胜到匈奴遇见的第一个人是臧衍。臧衍是项羽部将臧荼的儿子,父亲兵败后,他逃到匈奴,终日寻思报仇之计。臧衍没兵,不算勇猛,但他有智慧。

他乡遇"故",张胜和臧衍都是兴奋异常。两人席地而坐,促膝而谈,彼此倾心,心怀大畅。两人侃侃而谈,谈着谈着,臧衍就对张胜说:"你之所以在燕国的地位很重要,全是因为你对匈奴很了解。燕国之所以能够生存到现在,那是因为诸侯接连不断地造反,战乱不断,朝廷无暇。如果陈豨等死了后,下一个要死的就是燕王,同时你也难逃。你何不暂且留陈豨等一命,联合匈奴,如果双方相安无事,燕国平安;如果刘邦逼急了,你们也能保住燕国。"张胜一听,觉得不错,同时让匈奴兵攻打燕国军队,以消除刘邦的疑心。

乍一听来,臧衍说得有理,可是仔细一想,就知道他毫无道理。如果卢绾诚心忠于刘邦,刘邦根本不会诛杀卢绾。张胜同意臧衍,全是恐惧心理在作怪。刘邦连诛韩信、彭越、英布三位异姓王,这对异姓王已经是一种恐怖信号。恐怖之下,人人自危。内心忧惧的人只会让感性奴役理性,他们害怕得失了判断力。张胜就是在刘邦诛杀异姓王的恐怖威胁下,糊里糊涂地听信臧衍。

知道匈奴兵攻打燕军,卢绾就怀疑张胜联合匈奴造反,马上上书请求刘邦允许灭掉张胜全族。这时的卢绾还很忠于汉朝,他做的每件事都向着朝廷。为了朝廷,他不惜杀掉一个了解匈奴的将军,不惜牺牲张胜全家。

卢绾的书信刚发出,张胜从匈奴回来了。张胜忠于卢绾,将他在匈奴的一切都告诉卢绾,尤其将臧衍的话转告卢绾。

兔死狗烹,韩信、彭越和英布三位异姓王都死了,卢绾心中非常害怕。这几位异姓王中,韩信最厉害,韩信先死;彭越第二,所以第二死;英布死后,异姓王就只剩卢绾和吴芮。长沙王吴芮不足道,所以最厉害的异姓王就是卢绾。如果朝廷诛杀,卢绾就是下一个目标。面对刘邦的恐怖政策,卢绾也不得不怕,他感觉到自己生活在死亡的威胁中。

在这种威胁中,卢绾也失去了理智,觉得臧衍说得很对。臧衍表面给卢绾指了条进可攻、退可守的路,实际上那是一条不归路。卢绾没有先掂量一下自己,首先有没有造反的本事,其次能不能抵抗刘邦,最后能不能联合匈奴。

卢绾太害怕了,他如同行走在黑夜里,别人伸手给他,他就跟着别人走了。卢绾双管齐下,首先找人冒充张胜全族,斩假张胜全族,派张胜为信使,联络匈奴;其次,派范齐去见陈豨,商量双方连兵之事。卢绾这么做,是很奸诈也很严重的脚踏两只船的行为。说奸诈,因为他一心二用。说严重,因为后果不堪设想。卢绾是位不会设想后果的将军,他的后果将不堪设想。卢绾如果认真想想,万一陈豨兵败,他还能支持多久。一旦陈豨被诛,消息泄露,卢绾就成了反贼。果然,陈豨被斩后,部属投降,将卢绾派范齐私通陈豨的事告诉刘邦。

对付了那么多反贼,刘邦总结出一招检验别人是否忠诚的高招,叫验诚招。看他是否造反,遣使招回长安,如来,证明不反;如不来,一定反；如果称病不来，必然居家谋反。刘邦招卢绾来长安，卢绾称病相辞。

虽然心中怀疑，但卢绾毕竟是刘邦一起玩到大、一起打天下的好兄弟，刘邦就给了他点特殊待遇。刘邦派辟阳侯审食其和御史大夫赵尧去接卢绾来长安，命两人随便暗中打探。

朝廷派来两位高级官员，卢绾一害怕二心虚，竟然躲藏不见人。他躲得了一时，也躲不了一辈子。尴尬人难免尴尬事，卢绾不是谋反的材料，他一谋反，必然错误百出。

朝廷来人，卢绾躲藏不见不说，还对宠臣们说："能够做王但不姓刘的，只剩我和长沙王两个人。前几年朝廷诛韩信全族，杀害彭越，都是吕雉的计谋。现在皇上病了，一切都归吕雉处理，吕雉妇人短见，专门干诛杀异姓王和大功臣的勾当。"卢绾的话让家臣害怕，但他没有激发家臣的反抗之心。家臣们听卢绾如此说，见他如此行事，涣散如盘散沙，全部都跑去躲藏了。正当用人之际，卢绾却吓跑帮手，自然是自乱阵脚。

如果说卢绾是位猛将，他的造反行为无异于自断手足。卢绾造反，步步是错，丢尽了天下反贼的脸面。

纸是包不住火的，审食其听到风声，将一切上报刘邦，刘邦很生气。不久，抓住一位匈奴将领，这位将领承认张胜为燕国出使，住在匈奴。

造反之路走得曲折而痛苦，时间仿佛都为卢绾凝冻。人证物证俱全，容不得不信这位好兄弟造反，刘邦只说一句："卢绾果然造反！"气从中来，奄奄一息了。

刘邦派樊哙征讨卢绾，后来周勃代樊哙领军征讨。卢绾带着他宫里的人、家属，率领几千骑兵，在长城下等候。卢绾是这么想的，等刘邦身体好点，气消了，再进宫谢罪。

卢绾做事不想后果，一直在做着白日梦。英布造反何等爽快，韩信死得何等畅快，彭越去长安何等明快，只有卢绾一直活在自己营造的理想世界里。

然而，天不遂人愿，刘邦驾崩了。刘邦是被卢绾造反活活气死的。

刘邦一死，卢绾知道自己脱不了干系，马上逃到匈奴。匈奴封卢绾为东胡卢王。卢绾这东胡卢王并不好当，常常受到蛮夷的侵扰。

流落异乡，卢绾日日思乡，终日郁郁，一年多后，死在匈奴。

如果说刘邦诛杀异姓王的恐怖要为卢绾的造反负责，那么卢绾客死他乡只能怪他屡屡失误。卢绾没有造反的天赋，既然不会造反，就不该造反。

第七章

女人天下

冒顿千里求吕雉

卢绾造反对刘邦的打击很大，可以说刘邦是被卢绾活活气死的。当然了，这与刘邦不会控制自己的脾气、衣锦还乡时饮食不规律也有关系。

刘邦死后，朝中能征善战的大将也死了不少，大汉只剩一位女人辅助一位懦弱的皇帝，显得有点疲惫。然而，匈奴在冒顿的铁骑驰骋和强弓硬弩之下，却一日比一日强盛。大汉衰弱，匈奴强盛，这一弱一强的对比增进了匈奴的骄傲蛮横。

惠帝二年（公元前193年），汉朝又送一位女子前往匈奴和亲。娄敬的和亲计划很好，然而，计划是死的，人是活的。汉朝遣了那么多位和亲美人，匈奴还是照样专横，行事毫无规律可言。匈奴高兴就接受和亲，不高兴就不接受，他们率性而为，视盟约如废话。

这一次，冒顿不接受和亲，反而送来一封信，信是给吕雉的：

我虽是一方霸主，但孤独无依，整日寂寞难耐。我生在沼泽中，活在茫茫草原，之所以几次侵犯你的边境，目的就是想到中原游游，遣寂寞，寻欢心。你是大汉的主人，尊贵无比；我是匈奴的主人，位高无伦；高处不胜寒，我们都没有伴侣，都寂寞得很。既然我们两个都那么寂寞，没有什么可以消遣的，我想用我所拥有的，换取我所没有的。

明眼人一看就知道这是封情书，写给吕雉的情书。由此看来，冒顿不是不接受和亲，而是想娶吕雉。

父亲死后，儿子可以娶父亲的姬妾；哥哥死后，弟弟可以娶嫂嫂：这是匈奴习俗，他们不觉得这违情背理。冒顿杀了他父亲后，就娶了他的后妈们。冒顿见刘邦死了，就想娶吕雉，他全按匈奴人的思维逻辑行事。然而，中原经过历朝历代的发展，已经形成一套以人伦为核心的礼仪制度，皇族乱伦是大忌，谁都不敢触犯。

吕雉本就心狠手辣，见了这样的书信，心中早已打定主意：先斩使者，再派军剿杀匈奴。因此立刻召集丞相陈平、将军樊哙和季布等商议发兵之事。樊哙有勇无谋，见蛮夷之人如此侮辱姐姐，大声说："请给我十万精兵，我必踏平匈奴而返。"朝臣们无不附和樊哙。

汉朝与匈奴和亲，朝臣们心里很不愿意，都想尽快结束这屈辱。匈奴侮辱皇太后，正是怂恿发兵，一举踏平匈奴的大好时机。诛灭匈奴，安定边疆，汉朝威严方能展现，大汉百姓才能堂堂正正地做人。如果不灭匈奴，边疆没一日安宁，百姓遭戮，朝廷受辱，委实令人伤怀。朝臣议论纷纷，都站到樊哙身边，讨论如何诛灭匈奴。吕雉见群臣支持发兵，心里很满意，正在这时，朝堂下有人大叫一声：

"樊哙当斩！"

说这话之人，正是中郎将季布。季布话刚出口，朝中当即寂静无声，几十双眼睛一齐射向他。区区中郎将，竟敢大声喧哗，当着吕雉的面，欲斩樊哙。陈平劳苦功高，奉了刘邦的命，都不敢动樊哙一根毫发。这中郎将未免过于大胆！

季布曾是项羽的部将，勇猛无敌，屡次兵困刘邦。刘邦灭项羽后，季布担心被诛，藏身朱家为奴，后经举荐，入朝为官。曾经叱咤风云的大将，能够寄身大户，甘愿为奴，自然很是能忍。

此时，朝中全是被侮辱冲昏了头脑的人，恨不能即刻灭了匈奴。季布能忍，为人奴隶的辱他都受了，冒顿的信对他没丝毫影响。季布冷静分析形势，觉得对匈奴不能硬打。季布说樊哙该斩的理由是：樊哙面谀。谀，就是谄媚。法令规定，欺骗皇帝者死，何况是面谀。

朝臣听了此话，不以为然，反觉得季布才是面谀之人。朝臣如此反驳，自然是想先斩季布，再让樊哙领兵出征。季布讲，当初高祖皇帝刘邦亲自领兵三十万，兵强将勇，谋士计深，尚且被困白登，连樊哙都被囚困。现在樊哙说只要十万就能踏平匈奴，这难道不是当面欺骗吕雉？他又举例，说秦朝就是因为修长城以抵御匈奴，广征徭役，才导致陈胜、吴广揭竿起义，以致亡国灭种。战争的创伤还没愈合，樊哙就当面谄媚，怂恿战斗，一旦发兵，天下必然大乱。

当初刘邦率领诸武将，雄赳赳、气昂昂地进兵平城，本想一举歼灭匈奴，重振蒙恬当年的雄风，让边疆百姓居有所安。然而，刚到平城，刘邦一行人众就被困七日七夜，衣食难继，兵将饿得连张弓的力气都没有，因此天下人送刘邦几句歌词：

平城之下亦诚苦，七日不食，不能彀弩。

朝臣视白登之困为大耻，不轻易提及，如今一听季布说起，朝臣对匈奴的恐惧陡然大增。待季布说起秦末农民起义，朝臣更是担忧大汉步秦朝后尘，因进军匈奴而亡国。季布说完之后，大殿鸦雀无声，朝臣深感惊恐，各归其位，似乎都在回想白登之困。

汉朝正因为吃过匈奴的大亏，后来才使出和亲这一招下下之策，以求双方互不侵扰，等国力强盛后让子孙后代去找匈奴算账。朝臣因一时羞辱而气愤，将长远之计抛到脑后，被季布点醒后，都建议继续和亲。

强横的吕雉听了季布的分析也吓得束手无策。然而，想到让自己远嫁匈奴，那是无论如何都行不通的，一时脸有难色。季布见自己的话有效，接着又说："那匈奴既是夷蛮之族，夷蛮之人称赞我们不足喜，我们受他们一点侮辱也不必生气。"

初掌大权，吕雉还没来得及享受，如果远嫁匈奴，跟随刘邦这些年的苦就白受了。只要能够继续掌权，只要不远嫁匈奴，吕雉什么条件都答应。吕雉就像刘邦，为了自己，什么都做得出。季布指出，匈奴蛮横无理，屡次侵犯，除了抢劫外，就是想听听奉承的马屁。吕雉迎合其意，回了一封词甚卑、意甚敬的信给冒顿，信上说：

冒顿单于现在还这么挂念我大汉，劳心费神写信给我们，大汉很感激，受宠若惊。你看得起我，要我服侍你，我很高兴。然而，我年纪一大把，容色憔悴，头发稀疏，牙齿掉了大半，路也走不动。单于听到他人说我好的话，一定是被无限夸大了。我现在这样子，怎么能够侍奉单于呢？闻名不如见面，见了我后，你会被吓死的。大汉不能满足单于的要求，伏乞单于见谅。

送去匈奴的除了这么一封卑词满纸的信，还有车子、马匹等丰厚礼物。

看信后的冒顿，派人送来两句话，说："这之前我不知道中原地区的礼仪，现在我知道了，也请太后原谅我的冒失。"

吕雉一番卑词，将冒顿收拾得服服帖帖，和亲照样继续，两家同样交好。

拒封王刘恒逃过一劫

权力使人滋生永固之心，吕雉想让大权永远掌握在吕氏家族手中，然而她知道自己不可能长生不老。为了掌权，吕雉一只手封诸吕为侯为王，让吕氏家族掌握实权；另一只手将诸吕女嫁给刘男，让刘氏皇族中吕姓的血脉更浓。双管齐下，效果明显。

此时，陈平和周勃等大臣的权力已被架空，无力触动吕氏家族；其他朝臣全是墙头草之辈，在吕雉面前只知道唯唯诺诺。刘姓皇子皇孙中，不是被吕雉先封官、次嫁女给收拾掉，就是将被死亡收拾掉。

放眼天下，吕雉独掌大权，吕氏家族官居要职。

吕雉弄死了几个不听话的皇子皇孙后，又将利剑指向代王刘恒。

刘恒一生默默无闻，刘邦不在意他，他在皇族中十分落寞。他的心中一无所有，他只求有个地方容身。

匈奴入侵，刘喜弃城而逃，刘邦封刘如意为代王。后来张敖因丞相贯高等行刺一事被废，空下的赵王之位被刘如意取而代之。最终，刘邦将代王这个称号送给了刘恒。刘恒受封为代王，既不高兴，也不忧心，只是淡然接受。

被封为代王时，刘恒只有八岁。按大汉惯例，如果子弟年幼或者无能，可以挂名为王，另派他人前往管理。这位派去代刘恒管理之人，就是后来联合韩信造反被诛杀的陈豨。陈豨被诛时，刘恒并未受到任何牵连。默默无闻的刘恒仍旧担任着默默无闻的代王。

祸福相倚。刘恒的母亲薄姬生前被刘邦冷落，但也因此没有受到吕雉的迫害。薄姬起初没有什么能耐，只会借算命先生的话骗人。这一招，也是她母亲传给她的。薄姬的母亲是魏王宗室的女儿，叫魏媪。魏媪生得美丽，人也大胆，跟一个姓薄的苏州人私通，生下薄姬。魏媪见薄姬越长越漂亮，便将她送进宫，可是当时的魏王魏豹身边美女如云，薄姬难获宠幸。为赢得魏豹的宠幸，魏媪找了个算命先生来制造舆论，说薄姬将会生天子。魏豹听说后，很高兴，对薄姬十分宠爱，天天想方法让薄姬生儿子。

那时天下纷争，刘邦和项羽正斗得难解难分。一听宠妾能生天子，魏豹马上就想脱离刘邦，靠还没出生的天子当皇帝。因为魏豹的叛变，刘邦势力大削，一怒之下，派曹参攻打魏国。曹参只使出几招，便灭了魏国，诛杀了魏豹。魏豹一死，薄姬被俘去当了一名织工。

一个算命先生说句话，魏豹就陪上自己的性命，十分可悲。薄姬的确能生天子，但不是给她的第一个男人生，而是给第二个男人生。

一天，刘邦去织室，见薄姬有几分颜色，就将她招入后宫。薄姬很高兴,激动难抑,认为自己翻身的日子到了,谁知刘邦将她放在后宫,就像放个花瓶,连她的身子都没碰,自然生不了天子。

希望的火焰就要熄了,但上天就是不让它轻易枯灭;清风徐来,希望之火又燃了。薄姬这个女人,命虽然很苦,但是有机缘。她有两个儿时的玩伴,一个叫管夫人,另一个叫赵子儿,这两个人都得到了刘邦的宠幸。

就在薄姬进入后宫一年多后的一天,刘邦和管夫人、赵子儿一起喝酒取乐。闲聊时,她们谈到过去,说和薄姬关系极好。她们三人曾约定,先富贵的人不忘后富贵的人。然而,现在她们受天子刘邦的宠幸,薄姬是后宫中的冷人,彼此天差地远,言语中不免讥讽。

刘邦讲义气,尤其在意"苟富贵,无相忘"这一类约定。听到两位宠妾讥讽薄姬,当即为薄姬抱屈,打算宠幸薄姬。

盼星星,盼月亮,终于盼来了刘邦,薄姬马上使出绝招。一见到刘邦,她便说了一句:"昨晚我梦见龙种钻进我的肚子里。"

刘邦想都不想,就说:"让我来替你实现。"就这样,薄姬生了个儿子,这儿子就是刘恒。刘邦事过即忘,从此薄姬母子就冷冷清清地过日子。

冷冷清清的日子薄姬母子早就习惯了。刘邦死了之后,其他姬妾都被幽禁。薄姬由于不被宠幸,自然不在幽禁之列。见吕雉心狠手辣,薄姬母子趁机逃往代定。刘恒当代王,薄姬当代太后。跟随薄姬母子前往代地的还有薄昭,薄昭是薄姬的弟弟,薄姬称他舅父。刘恒母子对薄昭极为信任。

刘恢死后,赵王一位空缺,吕雉环视一圈,眼光停留在刘恒身上。薄姬母子只求平平安安度过一生,眼见死了那么多位赵王,当然不敢接受。刘恒表示自己绝不接受赵王之位。吕雉给了他两条路走:第一条,刘恒接受赵王之位,接着她打出嫁一位吕女的牌,最后吃定刘恒;第二条,刘恒不接受,一旦刘恒不接受,她就封吕男为王。

刘恒选了第二条,吕雉顺水推舟,封吕禄为赵王。

第八章

帝国终归姓刘

敌不过岁月雕琢，吕后归西

春天，那是掌权者前去向天祈福消灾的日子。

吕后八年（公元前180年），吕雉去灞上祈福，经过轵道时，见一只如苍狗的东西飞到她腋下。吕雉惊恐万分，撕破衣服，想找出那个东西，看看是什么。费心费力的吕雉没在腋下发现什么。正因为什么也没发现，所以她越发感到害怕。自此以后，每天吕雉都觉得腋下有异物，脱衣查看，却什么都没有；刚穿上衣服，她又觉得腋下有异物蠕动，这种感觉像蛇爬，像蜈蚣走动，又像蜘蛛布丝。

自从看见那苍狗般的异物飞进腋下后，吕雉的身体一天差过一天，终日心神恍惚。在祈福的路上遇上这等怪事，她开始怀疑那是上天的惩罚。她请人给她占了一卦，卦象说那是刘如意的冤魂。

吕雉怕天，也怕冤魂，更怕刘如意的冤魂。刘如意乖巧伶俐，因为和他母亲有仇隙，吕雉就毒死刘如意。听说飞到他腋下的异物是刘如意的冤魂后，吕雉很惊恐，白天见刘如意坐在阴暗处被宫女、太监硬灌鸩酒，夜晚梦见刘如意笑盈盈地向她走来。吕雉很害怕，但她仍旧将大权抓得很紧，照样整治那些她看不顺眼的人。

表面看来，吕雉没有疾病，腋下的皮肤完好如脂，然而，身体却如江河日下，一日差于一日。吕雉渐渐变得不能走动，整天只能躺在床上，但她的眼睛仍旧怒火炯炯，骄横逼人。生命一天比一天难熬，吕雉虽不甘心，也不得不放手，因为她知道死期临近。

吕雉一生，没做什么好事，坏事做的却不少；没真正享受天伦之乐，破坏人伦的事倒干很多。跟随刘邦征战，她吃苦多享福少。当上皇后以后，刘邦冷落她，她更是幸福的日子少、痛苦的日子多。当上太后之后，吕雉那颗痛苦的心全神贯注于做痛苦的事，弄得天怒人怨，她大概也不开心吧。她很爱刘盈，可是刘盈不爱她，弃她而去。吕雉整死很多人，世界就像只剩他一个人，冷清，寂寞，恐怖。

吕雉一生，真似：枉费了意悬悬半世心，好一似荡悠悠三更梦。吕雉狠毒，但不失母性之心。她知道大臣们不服吕氏掌权，她要安排好后事才死。张敖和鲁元公主生了个儿子，名叫张偃，张偃命也不太好，父母早死，留下他在人间孤孤单单地活。吕雉知道张偃无能，于是封张敖和姬妾生的两个儿子为侯，让他们辅助张偃。

临死之前，吕雉再三叮嘱：非刘氏而王，天下共击之。吕氏封王，大臣不服。我就要死了，皇帝年幼，你们要防大臣兵变。一定要领兵坚守宫室，挟制皇帝，万万不能为我送丧。

没有人为吕雉送丧，因为她的这些个亲人不敢离开长安和洛阳。

吕雉死后，大赦天下。吕产升为相国，吕禄的女儿当皇后。吕产和吕禄掌握兵权，但他们并不是带兵的料，因此吕氏注定灭亡。吕雉极力提拔吕氏家族，却没培养一位能够撑起整栋帝国大厦的能人。吕产和吕禄只会看护院子，他们撑不起吕雉的大厦。

司马迁说：高后女主称制，政不出房户，天下晏然；刑罚罕用，罪人是希。民务稼穑，衣食滋殖。

意思是吕雉当政的这些年，天下太平，罪人很少，百姓务本，衣食殷实。

无论功业多大，吕雉都是一个极其残酷、手段十分毒辣的女人。虽说权力总会流血，但是吕雉诛杀了很多不该被诛杀的人，那个神秘的苍狗般的异物，其实就是杀戮过甚所产生的心魔。

"顺天意"刘恒称帝

吕雉死后，吕氏家族自然逃不掉被诛的命运。

刚听说吕氏被诛,使者就请刘恒前往长安登基称帝,这是一个多么吓人的笑话。

刘恒一生默默无闻,没为诛灭吕氏贡献一丁点儿力量,论品格,讲资历,都轮不到他做皇帝。周勃突然给他这么个大馅饼,刘恒真不敢啃。

刘恒母子好不容易逃出长安,逃出赵王之位的陷阱,他母子二人从没奢想大富大贵,只求继续淡然地生活。周勃遣使前来,刘恒不问这块馅饼是好是坏,他只想知道自己该怎么办。

"那些大臣都是高祖皇帝的旧部,能征善战,阴谋诡计多得很。他们迎立你为皇帝是名,内心阴谋却深不可测。他们设此圈套,主要是畏惧高祖皇帝和吕后的余威。刚刚诛灭吕氏,长安人心不安,他们要以迎立你为名,做点表面功夫。我劝你称病留守,静观其变。"郎中令张武主张拖延不往,静观其变。张武说周勃等有阴谋,却只能说对方的阴谋深不可测,等于白说。薄姬母子相依为命,能活到今天,全靠淡定自持,静观其变。张武一席话,没说到重点,却说出了刘恒心中所想。刘恒是保守主义者,他不敢奢求生活变得更好,只求生活不要变糟。

可是,中尉宋昌不同意张武的提议,他建议刘恒前往长安,并且列出几条理由:第一,秦朝行苛政,诸侯并起,最终是刘氏称帝,这人人都知道,因此皇位还是刘氏的;第二,刘邦分封子弟为王,各位王的封地都互成地利之势,天下疆土格局难以变动;第三,大汉王朝废除苛政,法令严明,广布恩德,百姓安居乐业,不愿遭受战乱;第四,吕雉狠毒,但周勃持节进入北军大营后,将士人人表示支持刘氏,这是天意使然,而非人为;第五,就算大臣想起事,百姓也不听他们使唤,再说长安有刘章和刘兴居等宗亲,外有吴王、楚王、淮南王、琅琊王、齐王和代王等守御边疆,天下还在刘氏手里。宋昌说了这么一大堆,结论是:代王资格最老,仁爱贤孝,天下皆知,大臣是真心迎立,可以放心前去。

很明显，宋昌的话井井有条，比张武的有说服力。刘恒虽然明白，心中却没底，因此不敢贸然前行。刘恒个性小心谨慎，一时踌躇难决，便去问老母亲薄姬。凡遇大事，刘恒都要和老母亲商量。

自从魏豹死后，薄姬的一生都在等待。等待久了，判断力迟钝了，无论遇见什么，薄姬都不敢拿主意。万幸，她母亲教给她一项独门功夫：求神问卦。

薄姬给刘恒卜一卦，这一卦是好卦：大横。古人卜卦，用烈火烧烤乌龟壳，依据火焰灼烧的裂痕判断卦象。大横，就是乌龟壳被烧裂后全成横排，没有竖列，也没有斜纹。烈焰灼烧，乌龟壳竟然全是横排，没有竖列，还真有点奇。

据卦词所言，大横代表：大横庚庚，余为大王，夏启以光。意思是：大横预示更替，我将为王，光大祖上基业，就像夏启继承大禹。

刘恒大惑不解，说他已经是王了，还要成为什么王。巫师说："是大王，而不是王。大王，是天子的意思。"

天子就是皇帝，他还没出生时，魏媪就说薄姬能生天子，薄姬又跟刘邦说她能生天子。现在，卜辞预示他将成为天子，刘恒开始相信了。刘恒不是相信卜辞，而是相信天意。薄姬一步步走到今天，真是天意。刘恒能当上皇帝，更是天意。

面对天意，刘恒还是小心谨慎。他派舅父薄昭前赴长安，向陈平和周勃等探明虚实，证明迎立一事是真是假。薄昭随刘恒母子从吕雉的魔爪中逃到代郡，忠心耿耿，精明能干，刘恒信得过。到长安后，薄昭求见周勃，周勃将迎立刘恒的原因细细说明。周勃不会作伪，薄昭见他真挚诚恳，即刻回报刘恒：迎立是真，可以前去，放心。

熬了这么多年，薄姬熬白了头发，刘恒熬垮了身体，终于熬出头了。宋昌所言成真，刘恒拜为参乘，张武前往长安报信：新皇帝就要来了。

先派薄昭探听，又派张武报信，刘恒是想排除一路上潜伏的各种不安。他深知，走向皇位的道路曲曲折折、坎坷难料，越看似光明平坦的大道，脚下隐藏的危机可能性越大。平安来到高陵之后，刘恒又派宋昌先到长安报知,欲引陈平和周勃等前来迎接。

刘恒这一招叫作力未到先造势,他不知长安虚实,只能先造声势,让百姓都知道朝臣迎立他为皇帝。百姓知道他是皇帝,众怒难犯,朝臣就不敢随意摆弄他。

当张武来到长安,陈平和周勃听说皇帝将到,率领群臣,齐往渭桥等候。宋昌见渭桥黑压压的一大片,峨冠博带,全是官员,马上回报刘恒:安全得紧,可以动身。官员全体出迎,声势足了,皇位龙椅安稳了,刘恒即刻前进。

刘恒一到,百官下跪迎接,口中说尽感恩戴德之语。屁股还没坐上皇位,刘恒不敢轻易地受礼,见百官下跪,忙下车还礼,态度恭谨至诚。迎立如此谦恭有礼的皇帝,周勃心怀大畅,满腹得意,骄傲地走到刘恒身边,轻声说:"我们私下谈谈。"

皇上如此谦恭有礼,周勃立此大功,一颗心不禁开始骄傲。宋昌见周勃脸有得色,恐他居心不良,大声说:"如果说的是公事,就公开说;如果是私事,皇帝没有阴私。"此言一出,群臣都吃了一惊,周勃更是冷汗直冒,退后几步,恭恭敬敬地奉上玉玺。

玉玺是皇帝的象征,掌管玉玺就是掌握皇权。周勃双手奉上,刘恒婉言谦让,坚拒不接。群臣多番相劝,刘恒还是婉言相拒,最后说到代王府邸商议。皇位,人人想坐;皇帝,人人想当。刘恒就是既想当皇帝,又会坐皇位的人。朝臣因他谦恭仁厚而迎立他,他自然要表现得非常谦恭仁厚,力求名副其实。

刘恒进入官邸,群臣全体跟随。刘章和刘兴居等宗室人员一起说:"刘弘那家伙不是孝惠皇帝的亲生儿子,他不能侍奉宗庙。群臣已经和琅琊王、宗室、大臣、王侯等商议,认为代王是高祖皇帝的孩子,理应继承帝位。"

谦让多次,刘恒这次来个逐个击破,将那些有可能接任皇帝的人说出,让朝臣全体否决。如果朝臣否决了所有人,他就能安心继位称帝。刘章等人话中没提及楚王,刘恒就说让楚王为帝。群臣说楚王和其他王的母家凶恶得紧，畏惧外戚擅权，不能让他们当皇帝。朝臣恭请刘恒受玺称帝，刘恒坚拒。朝臣多次相劝，刘恒屡屡拒绝，一来二去，刘恒多次向西、向南谦让。东西向、南北面是古代的礼仪方位，刘恒如此做，表示坚拒不受。刘恒多次相拒，群臣又烦又累，该是大人物出马了。这时，言语最有分量的陈平说："我认为你侍奉刘氏宗室最合适，天下诸侯、王国、将相和百官等都认为你合适。为苍生着想，你还是接受玉玺称帝为好。"

陈平话音刚落，刘恒即刻受玺称帝。陈平会说话，所以一语中的；群臣不会说话，便是枉费唇舌。面临大事，还是需要大人物来解决。

欲行非常之事，必要非常之才。陈平是非常之才，能办非常之事。

刘恒登基称帝，开启了大汉的"文景之治"。

第九章

平定七国之乱

刘启登基后的第一把火

文帝后元七年（公元前157年），六月，刘恒薨。六月九日，太子刘启登基，尊皇太后薄氏为太皇太后，太子妃为皇后。皇后无子，太子位暂缺。因为太子暂缺，皇宫又有一场好闹。

新皇登基，大赦天下。晁错是刘启的智囊，所以刘启的时代就是晁错的时代。贾谊命不好，遇上一位不想有所作为的皇帝。就施展才华这个层次而言，晁错比贾谊幸运，他赶上一位敢想敢干的皇帝。刘启和刘恒有很多相似之处，如宽政爱民、信奉黄老之学等，但刘启比刘恒更想有所作为，这是他两父子的一大区别。

刘恒减重刑为轻刑，刘启又再减轻。"文景之治"年间，刑罚少用。与秦朝暴政相比，百姓的生活好多了。刘恒不想死人，更不想看见别人贫死，但邓通非贫死不可。如邓通不贫死，难消刘启心头之恨、吮痈之辱。

安排刘恒下葬，封赏朝臣，大赦天下……一切安排妥当，刘启登基后的第一把火便烧向了邓通。刘启还是太子时，吃了邓通的一次哑巴亏。现在刘启当皇帝了，天下他最大，邓通该还债了。邓通这人，只会装孙子拍马屁，毫无见识。

过去刘恒很宠幸邓通，邓通对刘恒也是忠心耿耿，二人暧昧不已。刘恒曾经生痈疽病，伤口专流脓血，脓血非常恶心，恶臭难闻。为了表示对刘恒的忠心，邓通天天给刘恒吸吮。邓通甘愿为刘恒吸吮溃烂处的脓血，贾谊一定不愿，这就是人与人的区别。邓通用心吸吮，刘恒自然感激，心里过意不去，问天下谁最敬爱他。

刘恒如此问，多半是感激邓通如此相待，想借邓通之口说出邓通是天下最怜惜他的人。语言表达同一个意思，从不同的口中说出，意思却大大不同。邓通对刘恒说"我敬爱你"与刘恒对邓通说"你最是怜惜我"，效果判若云泥。

专事讨好的人，都有点乖觉。邓通明白刘恒的意思，但他不敢直接回应，如果他说最敬爱刘恒的是自己，刘恒也许高兴，但太子刘启一定不高兴；如果他回答是太子，刘恒也许不高兴，但太子一定高兴。刘恒命不久矣可以得罪，刘启是未来的皇帝，不能得罪。刘恒随口一问，就将邓通挤进了夹缝，真是伴君如伴虎。

邓通于是回答说："自然是太子。"

邓通回说太子最爱刘恒，刘恒又高兴又失落，一颗心七上八下，他脸色略显嗔怪之意，殊不知邓通这一句话，可是用心盘算，费了颇大的艰难才说出。

不过，邓通算计得多，却未能得到刘启的心。刘恒生了脓疮，作为儿子的太子刘启本应该为父亲吮吸脓血。可是脓血流淌，恶臭难闻，太子面有难色，但为了皇位还是忍住恶心吸吮了。刘启锦衣玉食，平生没受一丁点儿折辱，吸吮脓血是人生第一大辱，如何不恨。太子派人打听，知道邓通经常给刘恒吸吮。邓通专以现丑讨好、卖乖讨爱，刘启认定此事是邓通搞鬼，从此心恨邓通。邓通越想讨好刘启，刘启越不买账，导致邓通晚景凄凉！

刘恒死后，刘启继位。邓通身无长物，被免官后居家造钱。后来，有人告邓通将私自筑造的钱运到国界外。朝廷马上逮捕邓通入狱，立案审查，罪证确凿，依据法律，没收邓通的全部家产后，邓通还欠朝廷几百万。从此邓通的好日子彻底结束了。长公主很好心，赐钱给邓通。长公主刚赐予，朝廷马上没收，邓通还是一贫如洗。不能赏钱，长公主就借衣食给邓通。刘启不为已甚，任长公主接济邓通。邓通靠长公主的衣食维系生命，"穷"度晚年，至死不名一文，"寄死人家"。

这"寄死人家"就是死在人家的意思。邓通住的房子也是别人的，他死时也就是"寄死人家"。

七国联合造反

面对吴国势力一天天的壮大，晁错对刘启说，高祖皇帝分封天下，齐王封七十多城，吴王封五十多城，楚王封四十城，天下都给分去了一半。吴王因丧子之故，称病不朝，于法当诛。文帝宽厚仁爱，恩赐吴王手杖，刘濞不知悔改，骄横反增，公然开山铸钱、煮海为盐、广招天下亡命之徒，这就是谋反作孽。事到如今，你削藩，他要反；不削，他也要反。如果即刻削，他早反，准备不充分；如果不削，让他准备充分，祸害就大。晁错分析得有理，刘启答应削藩。

景帝三年（公元前154年），晁错借楚王刘戊在为薄太后服丧期间奸污服舍之事，请求诛杀刘戊。刘启赦免刘戊，但削了他的东海郡。接着，晁错又借罪削赵王刘遂的常山郡，借胶西王刘卬卖爵之罪，削刘卬的6个县。刘戊、刘遂和刘卬实力不足，不敢挑战朝廷，一起将目光投向实力最强的吴王刘濞。

朝廷削刘戊、刘遂和刘卬的封地后，刘濞自知有罪，担心被削，准备举兵造反。刘濞想：除勇猛的胶西王外，诸侯王不足与谋。刘濞命中大夫应高游说胶西王，说：刘启任用奸臣，听信谗言，更改法令，擅削诸侯，越干越猛，吃完糠必然要吃米。吴王和胶西王都是实力很强的王侯，时时被察，连活动自由都没有。吴王已经二十多年没朝见皇帝，日忧被疑，难以自白，整天胁肩累足，惶惶不可终日。吴王曾听说胶西王也有过失，朝廷表面借过失削地，只怕不仅如此。应高言论有理，胶西王害怕被削，问应高该怎么办。

应高回答："同恶相助，同好相留，同情相求，同欲相趋，同利相死。现在你和吴王同忧一事，何不趁此时机，捐躯为天下除害？"

胶西王很害怕，说宁愿死也不敢造反。

应高说："这全是御史大夫晁错蔽忠塞贤，惑乱皇上，侵夺诸侯，导致民怨四起，诸侯背叛。现在彗星出，蝗虫起，是成就千秋大业的良好时机。吴王跟随你内诛晁错，外安天下。凭大王的勇猛，驰骋天下，定然所向无敌。只要你一句话，吴王即刻率兵攻取函谷关，抢占荥阳敖仓的粮食，抵御朝廷，修葺房屋，等待大王。如果大王起兵，那么天下就有一半是你的。"

应高诱以厚利，但也不全是瞎说，景帝二年（公元前155年）到景帝三年（公元前154年），前后出现两次彗星，第一次在东北方，第二次在西方。应高不辱使命，劝服胶西王刘卬起兵。刘卬勇猛无敌，他肯出兵，刘濞就有前锋将军了。

应高告诉刘濞，刘卬同意起兵。刘濞办事精细，假扮吴使，亲见刘卬，面谈相约。刘濞见刘卬真有起兵之心，很高兴，回国起兵。

吴王的朝臣劝谏说，诸侯王国的封地不满朝廷的十分之二，造反必然令太后心忧。现在只侍奉一位皇帝都如此之难，如果真有两个皇帝，祸患更大。刘濞否决朝臣，遣使相约齐王、菑川王、胶东王、济南王造反，这几位王都答应。

刘濞这次造反，共约了六位王，分别是：楚王、赵王、胶东王、菑川王、济南王和胶西王。七位封王一同造反，史称"七国之乱"。

七国齐声发难，旗号为：诛晁错，清君侧。当然，这不过是借口，刘濞等人的真正想法就是要夺取帝位。

齐国、济北国、胶东国、胶西国、菑川国和济南国六国的国王是六兄弟，刘恒怜悯刘肥子孙无王，分大齐国为小六国，让刘肥的诸位子弟都能称王。这几位王实力不强，只是胶西王刘卬勇猛，可以共论大事。因此，这六国合力，只有曾经的一个齐国之力。

造反总是有点不顺利，突然齐王刘闾不干了；济北王城墙坏损，交兵权给郎中令修复，郎中令劫持大王，不让出兵。齐王不造反，言而无信，大伤兄弟情谊。胶西王、胶东王、菑川王和济南王合兵一处，由勇猛的胶西王刘卬统率，全力攻打齐国首府临菑。刘卬兄弟间的事交给刘卬解决，吴楚联军不干预，径直西进。吴楚联军人多势大，一路向前，锐不可当。邀请匪徒为将，强迫百姓参军，吴楚联军全是乌合之众，只有一鼓锐气，刚猛之威难以持续。

虽然叛军势力强大，但刘启并未自乱阵脚，他兵分四路，先封周亚夫为太尉，率兵迎战吴楚联军，再命郦寄攻取赵国，截杀吴楚联军后方，然后命栾布救齐国，最后派窦婴镇守荥阳，护卫长安。此番调令虽然心思周密，但要请窦婴出战有点难度。窦婴本极力反对削藩，之前愤然离去，后又因刘武之事得罪太后，已被免官除籍。

可大敌当前，不容退却。于是刘启立即召见窦婴，意封其为将军。但窦婴称病推辞。刘启说："如今天下危急，作为皇室外戚，怎么能够推让呢？"于是封窦婴为大将军，赏赐黄金千斤。窦婴举荐郦寄和栾布。刘启派兵四路，有三路将领因窦婴而存在，可见窦婴对平定七国之乱的功劳之大。

稳扎稳打破叛军

刘启封袁盎为太常，封窦婴为大将军。长安城中的贤大夫们争相攀附袁盎和窦婴，每天都有几百辆车马跟随他俩。

袁盎以太常的身份、德侯刘通以宗正的身份出使吴国。吴楚联军猛攻梁国，久攻不下。一个小小的梁国都不能攻取，吴楚联军不过如此，空有声势。

刘通拜见刘濞，要刘濞跪拜受诏，刘濞知道袁盎陪同前来，大笑，问："我已经是皇帝了，还要跪拜谁？"刘濞欲让袁盎带兵西进，袁盎不肯。刘濞派一位都尉领500名士卒围困袁盎，并企图杀之。

围困袁盎的这500人中，有位校尉司马曾是袁盎的从吏，受过袁盎的恩情。从吏有心报答，买了两石美酒给兵卒喝。天很冷，士卒们又饥又渴，从吏将西南隅的士卒全灌醉。

从吏半夜将一切告知袁盎。袁盎惊恐，不想逃走连累从吏的亲人。从吏说他会带亲人逃走。

袁盎逃了70多里，天亮才见梁国的骑兵。袁盎回到长安后，将一切告知刘启。刘启只能迎战。

领兵出发的周亚夫准备经过函谷关，直取荥阳，守卫长安。赵涉对周亚夫说，刘濞广纳亡命之徒，他们定在通过函谷关的必经之地崤山和渑池（河南省渑池县西）等险要之地预谋伏击。为了安全，还是走蓝田，过武关，再到洛阳。到洛阳后，擂鼓大造声势为好。赵涉之计，首先保证大军安全，其次汉军突然袭到，有如天兵，叛军必然惊惧。周亚夫听取良策，并派一支军前往崤山和渑池等险要地段搜山，果然抓捕到不少吴兵。

周亚夫率领36位将军，兵力约有30万人，与吴楚联军势均力敌。周亚夫细心谨慎，问他父亲的门客邓都尉该如何对付吴楚联军。邓都尉说："吴兵精锐，难以争锋。楚兵轻装远道而来，支撑不久。如今之计，你可以引兵到东北方向的昌邑筑高城坚守，让梁国拖疲吴兵，挫折他们的锐气。你领轻骑绕到敌军后方的淮泗口，断绝他们的粮道。吴楚联军一旦粮绝，必然内乱，那时将不攻自破。"

这个方案被周亚夫报告给刘启，刘启同意。周亚夫第一次率领大军，没有居功，很谦虚，对刘启很敬重。

吴楚联军攻城极猛，梁国苦守，难以支撑。梁国见周亚夫大军开到，急向周亚夫求救，周亚夫拒不发兵。梁王刘武见周亚夫不发兵解围，上书状告周亚夫。刘启下诏命周亚夫解围救梁，周亚夫还是坚壁安守，抗旨不遵，亲率骑兵断敌兵粮道。

叛军全力攻打梁国，刘武派韩安国、张羽二人坚守。吴楚联军攻得正急，突然传来周亚夫断绝粮道的消息，眼见梁国难以攻陷，刘濞好生焦急。

刘濞下令移师直攻周亚夫，雪断粮之辱。刘濞军行至下邑，却撞上迎面而来的周亚夫。吴军一连叫了十几日阵，周亚夫只是坚守不出。军粮匮乏，吴军不敢耽搁，当即采取暗偷袭之计。

夜晚，吴军在东南方向大举进攻，周亚夫却调兵防守西北。吴军主力果然在西北，周亚夫事先安排，吴军无法攻入。吴军缺乏军粮，一部分兵士饿死，另一部分反戈相向，追随刘濞的只有一小半。周亚夫率军攻打刘濞，两军相交，刘濞大败而逃；楚王刘戊兵败自杀。

刘濞一路逃命，渡过长江，逃到丹徒（今江苏镇江市丹徒镇）。刘濞一路收聚残兵败将，竟然有一万余人。刘濞起兵时，曾相约南越国，这次兵败，他想退守南越。见刘濞兵败逃亡，刘启马上诏告天下，说刘濞叛乱悖上，今已溃败，截杀刘濞者必受重赏；如包庇窝藏，腰斩不赦。刘濞派人以厚利贿赂南越王，南越王骆望回复刘濞说，他愿意借军给刘濞。刘濞出城劳军，南越王派人将他杀害，割下他的头，传报刘启。

刘濞一死，朝堂上捷报频传。栾布击败胶东、胶西、济南和菑川四国，解救齐国；胶东王、胶西王、济南王和菑川王兵败伏诛，齐王饮药自杀。栾布移军北上，匈奴闻知，撤回漠北。郦寄久攻赵王刘遂不下，栾布兵到，引水灌城，刘遂自杀。

一场七国乱，七王就此亡，景帝的江山终于稳定下来。

第二卷

雄风卷起,打江山容易守江山难

第一章

朝中有狼，后宫有虎

汉武帝鹰隼展翼

景帝后元三年（公元前141年），汉景帝病故，刘彻即位，是为武帝，尊祖母窦漪房为太皇太后，母亲王娡为皇太后。此时，武帝年仅十六岁。

这个十六岁的少年，在他坐上皇位的一刻，第一次真正发现手中巨大的权力——这个国家辽阔的版图，庞大的人口数量，那些延绵无尽的山川，那些奔腾不息的河流……

景帝平定了七国之乱，诸侯王势力大削，再加上几代皇帝的休养生息，汉朝早已摆脱了刘邦时期的一穷二白，变得富庶繁荣起来。豪强冒起，匈奴寇边，制度简陋不敷于用，这是武帝初期国家面临的主要问题，而诸侯王也在新皇登基之际虎视眈眈。因此，贾谊、晁错等人提倡的改革和创制又重新提上日程上来。

公元前140年，武帝以"建元"为年号，此为中国"年号"之始创。"建元"有"创始"的意思，表明了武帝革新改制的决心。

武帝深知，个人的力量是有限的，尤其他刚刚登基，羽翼未丰，很需要帮手。于是诏令中央和地方的各级行政长官推举人才，"举贤良方正直言极谏之士"。而满朝文武或许在"黄老之说"的气氛里待得太久，毫无奋发的劲头。所以武帝改革的第一步就是换人，换上自己的人，他要"站得稳，行得动"。

景帝死前，留下卫绾做武帝的丞相。卫绾被景帝选中，是因为他

第二卷　雄风卷起，打江山容易守江山难◇

是个仁厚的长者，勤恳任劳，从无怨言，与条侯周亚夫形成了鲜明的对比。其实卫绾原来是"代王"刘恒的车夫。因为卫绾膂力惊人，车技高超，很受刘恒喜爱。后来刘恒被周勃迎立为皇帝，卫绾就跟着他进了长安，做了郎官，不久又升任中郎将。

刘启是个有心计的人，他做太子时，曾多次设宴招待文帝左右近臣，卫绾也在列。然而，每次接到太子的请柬，卫绾总是称病不前。虽然太子是将来的天子，但他现在仍只是太子，忠臣不事二主，卫绾觉得应该小心谨慎一些。

果然，此举得到了文帝的赏识。文帝临终前，对景帝说，要善待卫绾，他是长者，可以信任。不过景帝对卫绾不来赴宴一事始终耿耿于怀，所以一直没有起用他。后来，汉景帝游幸上林苑时，叫卫绾随车侍奉。景帝拍着他的肩膀问道："从前我请你赴宴，为什么总是等不到你呢？"卫绾吓得伏地叩头："当时臣确实是有病在身。"景帝看了一会儿伏在地上的卫绾，不再重提这件旧事。于是召左右来，要赏赐佩剑给他。

谁知卫绾拒绝了景帝。原来，文帝曾赐给他六把宝剑，卫绾都供奉在家，皇恩浩荡，卫绾不能再接受景帝的赐剑，害怕无福消受。景帝问道："人们时常更换、买卖佩剑，怎么你却一直留着这些宝剑？"于是命他将剑拿来。六把宝剑，剑鞘的颜色尚新，拔将出来，每一把都泛出闪闪寒光！景帝感动至深，从此对卫绾另眼相看。

后来，卫绾受命招纳河间猛士平定七国之乱，因战功升为中尉。三年后，又以军功封侯。卫绾是栗氏的亲戚，景帝废刘荣、栗姬，卫绾因而受到株连，但景帝怜他忠厚，只是将他免官归家。不久，景帝立刘彻为太子，于是任卫绾为太傅，不久又升为御史大夫。又过五年，卫绾就做了丞相。

卫绾信奉黄老政治，行事谨慎小心，他任丞相，只起上传下达之作用，"朝奏事如职所奏"，在朝政大事上，他却往往无甚作为。而汉武帝崇尚儒学，即位后结束了黄老政治的统治，卫绾遂以不称职之名被罢免。

卫家姐弟俩

阳信公主嫁与曹参的曾孙平阳侯曹寿为妻,因此又称为平阳公主。

武帝刚一进门,平阳公主就看到他闷闷的脸色,请他入座,又找来府上所有的美女,将她们精心打扮一番,进献给武帝。武帝扫视一遍,没有一个满意的。于是平阳公主又招人来唱歌跳舞。

一位歌女酒窝浅浅,从众多歌女中脱颖而出,看得武帝两眼放光。平阳公主顺势让这个歌女在此伺候。这个歌女,就是卫子夫。

当夜武帝回宫,就把子夫带了回去。可是第二天武帝就把子夫给忘得一干二净。

一年以后,武帝决定释放一批宫女回家,其中就有卫子夫。再见伊人,武帝忽然想起了车厢里的那一夜,一时怔住说不出话。子夫泪垂如箸,请求放她回家。武帝怎会舍得她离去,就留下了她。

或许是因为久别重逢带来的激情,不久,卫子夫有孕的消息传了开来。武帝高兴得笑不拢嘴,于是封子夫为夫人,这是皇后以下级别最高的妃子。

阿娇得闻更气了。为了打击卫子夫,阿娇将目标锁定在卫子夫的弟弟——卫青身上。

卫青是平阳县人,字仲卿,他和子夫的母亲卫媪是平阳侯(此平阳侯应是曹寿的父亲)的小妾,父亲郑季本在县中为吏,后来到平阳侯家里做事,于是与卫媪私通,生了卫青。卫青是家奴所生,一生下来就做了奴仆。卫媪无暇照顾他,就把他送回给郑季。郑季家里原是有妻子的,这妻子也为他生了几个儿子,他们都不把卫青当作兄弟,只叫他放羊。郑季也不为他说话。这样,年少的卫青整日对着羊群,对着山上的枯风,人变得沉默起来。

卫青就这样慢慢长大。

"您的面相贵不可言,将来定能官拜上将军,立功封侯!"这是卫青去甘泉宫时，一个戴枷的囚犯对他说的。"能不挨打挨骂，有口饱饭吃就已经很不错了，我一个奴隶生的孩子，怎能奢望封侯？"囚犯还想说下去，卫青已经摇摇头走了。

后来，卫青做了平阳侯家的骑兵，后又随卫子夫入宫，在建章宫行走。

阿娇同母亲长公主合谋，想趁机将卫青掳走。正要下手的时候，卫青的好友、郎官公孙敖和其他壮士破门而入，把他救了回来。这次鬼门关前的经历，卫青深深藏在心底。

武帝却立刻明白了这是怎么回事。他招来卫青，任命他当建章监，加侍中官衔，以示恩宠。他的同母兄弟们也都得到赏赐，数日之间竟累积千金之多，个个显贵。卫媪的大女儿卫孺嫁给了太仆公孙贺。二女儿卫少儿同陈掌私通，武帝便招来陈掌，赐他官做。公孙敖救了卫青，因此也越来越显贵。不久，武帝又升卫青为大中大夫。

从此，武帝与卫青更亲近了，将他倚为助臂。

行巫蛊陈阿娇困锁长门

自卫子夫受宠，又为武帝生了儿子刘据之后，阿娇的地位一天不如一天。她的幽怨慢慢转化为怨恨，不过她恨的人并不是武帝刘彻，而是卫子夫。和所有夺宠的女人一样，卫子夫在阿娇心里有一个特别的代号——"狐狸精"。

对付狐狸精，自然不能用平凡手段。所以阿娇请来了巫师，准备用巫蛊之术来咒她。不想子夫并没有死，而她行巫蛊的事情却败露了。武帝这时正想彻底摆脱姑姑兼岳母——长公主刘嫖的摆布呢，于是找来狱吏张汤来审这个案子。

张汤是杜县人，他小的时候就展现出审案的天才。他父亲是长安县丞，主管文书和仓狱，看来张汤的审案天赋有几分是家传的。有一次张父出门公干，留下还是孩子的张汤一个人在家看守。可是等张父回来，却发现家里的肉少了许多，余下部分的上面还有老鼠的齿痕。

于是把怒火浇在张汤身上，饱饱抽了他一顿鞭子。张汤没有哭，他只是在家里四处掘地，找到老鼠洞，将老鼠和它没吃完的肉都找了出来。

张汤并没有直接将老鼠杀死泄愤了事，而是创造性地反复拷打、审问老鼠，并把老鼠窝里的剩肉取来作为证据，用以和老鼠对质。最后张汤将审问的过程写成罪状，报告给自己，然后惊堂木一拍，将老鼠分尸处死。

张父看到了张汤审案的过程，又看了他老辣如同资深狱吏所写的判词，惊讶得合不拢嘴，这才发现自己的儿子是一个判案的天才，于是找来断案文书，供他学习推敲。张父死后，张汤袭任了父亲的职位，在长安做了很长时间的狱吏，由于他判狱的狠辣和天才，田蚡看中了他，提拔他做了补侍御史。

在陈皇后巫蛊案发后，武帝选中了张汤作为案件的主审。张汤没有让武帝失望，他迅速将涉及巫蛊的、阿娇宫里的三百多人全部判罪诛杀。

至于阿娇，则由武帝亲自处置。武帝的诏书是这样写的：

"皇后失序，惑于巫祝，不可以承天命。其上玺绶，罢退居长门宫。"

没过几年，阿娇就在痛苦和冷清中去世了。

第二章

强势出击战匈奴

对待匈奴，是战还是和

自高祖刘邦被围白登山之后，汉朝对匈奴一直采用和亲政策，摆出友好的姿态。到了武帝的时候，国家富强，海内安定，有了与匈奴较量的资本，况且武帝本是个不甘心雌伏的铁血人物，于是开始重新勾画汉匈的关系了。对匈奴，到底是该战还是该和呢？建元六年（公元前135年），匈奴主动请求和亲。这该是武帝首次经手对匈奴事务，他没什么经验，所以"下议群臣"。

百官分为两派，一派主战，另一派主和。

主战代表人物是时任大行令的王恢。王恢是燕地人，多年来戍守边郡，对匈奴的境况非常熟悉。他主战的理由是：匈奴人反复无常，虽与我们和亲，但转眼间就背盟弃约，翻脸比翻书还快。多年来，我们虽不断忍让，他们却如同惯坏了的孩子，不知悔改不说，还越来越过分。这次他们请求和亲，大概是希望再从我们这里骗取些财货罢了，不如不答应他，而发兵攻打，一举将其制服。

主和代表人物是在平定七国之乱时立过大功的宿将韩安国。他反对王恢说：正是因为匈奴人不讲信义，所以我们才不能出兵，就算我们将它击败，也很难控制，而且他们的土地不适宜耕种，得到了又有什么价值？况且派军出关千里去作战，胜负难料，败多胜少，强弩之极，矢不能穿缟素；冲风之末，力不能起鸿毛，就是这个道理。所以不如同意他们的请求，与之和亲。

韩安国的说法得到了众人的赞同，于是武帝批准了和亲。

可是这不是武帝内心的想法。在三年前（公元前138年），武帝听匈奴的俘虏说，"匈奴破月氏王，以其头为酒器，月氏遁而怨匈奴，惜无与共击之者"。于是武帝派遣张骞出使月氏，想要与之联合，共击匈奴。可见，武帝的这次批准和亲，乃是因为对匈作战的时机还未成熟。但是对匈作战已经被武帝提到了大汉的日程表上。

两年后（公元前133年），作战建议未被采纳的王恢再次主张出战，于是再次引发"战争与和平"的辩论。

王恢的老对手韩安国仍持着一动不如一静的和亲立场。他说：虽然屈辱，但高祖仍听从建议，"奉金千斤"与匈奴和亲，不是因为怕了匈奴人，也不是不想报被围白登山的一箭之仇，而是以天下安定为己任,从大局出发,"至今五世为利"。

"'今边境数惊,士卒伤死,中国棺车相望,此仁人之所痛也',您所说的和亲带来的和平在哪里呢?"王恢的反驳掷地有声。

韩安国没有这么容易被击倒的,他老调重弹地说,匈奴人来去如风,"居处无常,难得而制",我们贸然长驱直入,到了匈奴人的苦寒之地,粮草不济,人困马乏,怎么能胜?这不就是兵法上说的"以军遗敌人,令其虏获也"吗?

王恢等的就是韩安国这句话,于是将事情原原本本地讲了。原来,王恢并非这次出击匈奴的首倡者。首倡者是雁门马邑的豪强聂壹翁,他向王恢献计,我们可事先在马邑附近埋下人马,然后自己去做奸细,亲身前往匈奴,引君臣单于率军前来,等匈奴大军一到,我们就可以将其一网打尽。

设想很不错,不知道聂壹翁与匈奴人有什么过节,竟然如此处心积虑地对付他们,难道他孤身犯险,仅仅是为了立功、加官晋爵吗?武帝听了王恢的陈述,眼睛放出的光刺得韩安国眼睛生疼,于是他知道自己不该再坚持下去了。

果然,武帝以卫尉李广为骁骑将军、太仆公孙贺为轻车将军、大行王恢为将屯将军、太中大夫李息为材官将军;而御史大夫韩安国则为护军将军,总领各路人马共三十余万,设伏马邑。

军队出发之后的几天,相信武帝都是彻夜未眠的,既有几分害怕,但更多的则是兴奋。

聂壹翁"逃"至匈奴,见到了君臣单于,说他可以入马邑斩杀其长官,率城投降,将财物全部献给单于。这是送门来的买卖,单于听得食指大动,于是率十万大军出发,入雁门武州塞。

匈奴人一路掳掠,行至马邑外百余里时,单于心里忽起不安之感,他定睛看去,只见茫茫苍野,只有零星牛羊觅草而食,人影儿却不见半个,于是疑窦大生,改变路径,舍马邑而取武州。武州尉史为匈奴所得,惊惧下将汉朝的伏击计划和盘托出,单于大惊,立即发令撤退。

又惊又怕之下，匈奴人总算安然退到了长城之外，可算是有惊无险，君臣单于仰头看了看头上湛蓝的天空，终于松了一口气："吾得尉史，乃天也！"于是拜尉史为"天王"。

其实，这一切都在汉朝的监视之下，汉军追到了长城，也就停下不追了。而负责袭击匈奴辎重的王恢也擅自罢兵，不敢追击。武帝对王恢所为非常失望和生气。王恢为自己辩解道："当初约定好了，匈奴兵一入马邑城，我军就与之交战，然后臣所率部队就袭其辎重，断其后路，如此才十拿九稳。现在匈奴人没到马邑就返身而回，显然是识破了我们的埋伏，臣的手下只有三万人，在敌人有准备的情况下贸然出击，必定惨败而回绝无幸理。我知道这样做回来只是死路一条，但这是为了替陛下保留三万精兵啊。"王恢所说并非没有道理，孙子兵法就有所谓"非必取不出众，非全胜不交兵"。

于是武帝派廷尉审理此案。廷尉认为王恢"观望曲行避敌，当斩"。王恢于是向当时的丞相武安侯田蚡行贿，请他向武帝求情。精明的田蚡当然不会在这时候触武帝的霉头，于是转而告诉太后，通过太后把话带给武帝。

武帝听了暗暗冷笑：主张出击的是你王恢，如今听了你的话，发动几十万大军布这个局，即使单于逃脱，但只要你王恢当机立断，击其辎重所在，不一定一无所得，至少不会叫匈奴人走得那么潇洒；现在不杀你，天下人会怎样看待朕，看待朝廷？

于是王恢的脑袋落了地，算是给天下人一个交代了。

出击匈奴，直捣腹地

经马邑一事，汉匈之间已然撕破了脸皮，基本上再没有握手言和的可能。剩下的只有一件事：杀！

不过，打仗是要流血的，所以双方都没有马上动手。匈奴人是靠放牧打猎为生，所以他们很多东西都要通过与汉朝"互市"才能得到。在马邑事件之后，武帝并未取消汉匈互市，而是以此稳住匈奴人。不过，互市带来的利益对于匈奴人来说不过是杯水车薪，还不够塞牙缝的。于是在元光六年（公元前129年），匈奴人突袭上谷郡，烧杀抢掠而回。

武帝决定给匈奴人一个教训。于是组织了四路万人骑兵出击匈奴：车骑将军卫青出上谷郡；骑将军公孙敖出代郡；轻车将军公孙贺出云中；骁骑将军李广出雁门。上次马邑设伏，汉朝发动了三十万大军，这次主动出击却只有四万人马，难道出去打反而更有把握吗？当然不是，而是因为要深入敌境的话，粮食补给就成了一个大问题，出动的人越多，补给的负担也就越重，别看打仗的只有四万人马，但是补给队伍的人数估计是这个数字的几倍。兼且这是武帝第一次主动出击匈奴，带有试探的性质，所以四万人马并不算少。

除了李广是沙场宿将外，其余的三个人都是年轻人。卫青与武帝的关系自不必说，公孙敖是卫青的好友，而公孙贺在武帝还是太子的时候就做了他的舍人。所以这三人都是武帝身边的近臣。武帝的意思很明显，他就是要给三人立功的机会，为汉朝培养出新一代的将领，而三人与自己一同成长，也必能更好地贯彻自己的战略意图。

卫青长驱直入，追击匈奴人直到龙城，斩获首虏700余级。龙城，也称为龙廷，是匈奴人祭祀祖先和天地鬼神的地方，是其重要的政治文化中心。所以700余级的首虏虽然不多，但是袭破龙城的意义和影响都是震撼性的。龙城远在大漠深处，从此匈奴人对汉人来说再无神秘可言了，汉匈之间的心理天平正在向汉人倾斜。由于卫青建此奇功，武帝封他为关内侯。

其余三路人马就没有卫青那么幸运了。

公孙贺在茫茫大漠里战天斗地去了，愣是没遇着一个匈奴人，自己当然也没什么损失，可谓不赔不赚；他的本家公孙敖就惨了，他与匈奴交战，折损了七千人马；而老将李广的境况更是不堪，他与匈奴主力部队相遇，激战过后全军覆没不说，自己也被匈奴人俘虏。好在李广装伤，给匈奴人装进网兜，半路凭着过硬的武功翻身而起，踹飞了马上的匈奴小兵，策马南奔。匈奴人一路追来，都给李广以无双箭法打了回去。就这样，李广得以逃回汉朝。

公孙敖与李广损失惨重，按律当诛，赎为庶人。

虽然只有卫青一路兵马一枝独秀，但此次出兵仍可算是一个难得的胜利，它仿佛在告诉匈奴人：我们还会再来的！

你来我往的拉锯战

匈奴人遭龙城之辱，当然不肯罢休，这年秋天就回抢汉人作为报复，汉地各边郡中，以渔阳损失最为惨重。武帝遂派韩安国主持渔阳军政。

原来，田蚡死后，韩安国接任丞相。可是，不久他为武帝引车时不小心从车上摔了下来，把腿摔跛了，无法上朝议政。武帝遂使平棘侯薛泽继安国为相。待安国养好伤，武帝改任他为中尉，一年后又调任卫尉，此时匈奴犯边，武帝想起了这员老将，就把他派到渔阳。

安国在渔阳捉到一个匈奴俘虏，从他口中得知匈奴人的部队早已经回到了漠北。安国放心之余，给武帝上书，说渔阳只留700人就可以了，剩下的人可以回家务农，因现在正是农忙时节。武帝批准。

可是这个俘虏所说不实，刚刚过了一个月，匈奴人的军队再次杀到。可怜安国手上只有700人，根本无法抵挡。幸亏最后关头，燕兵来救，否则安国未能安国就先要以身殉国了。

武帝派卫青、李息两人各率大军分别出雁门、代郡反击，斩杀千余人，大获全胜，打击了匈奴人的嚣张气焰。

渔阳失守，安国心里闷闷不乐，遂上书武帝请求调回长安。武帝这次没有同意，因为他得到匈奴将要再次进犯的消息，于是将安国调到右北平戍守。安国这时已经老了，旧伤加心病，不久吐血而亡。

右北平不能一日无将。于是此前"赎为庶人"的飞将军李广再次得到武帝的启用，这次他没让武帝失望，有他在右北平一日，匈奴人便不敢进犯。可是匈奴人怕李广，但天下只有一个李广，而且这个李广是个凡人，并没有分身术。于是上谷郡和渔阳又重新受到了匈奴人的"照顾"。

你抢你的，我抢我的。一年后，武帝复遣卫青、李息率军出征，两人一路打到陇西，破掉匈奴楼烦、白羊王两部，斩首数千，得牛羊数百万。这是开国以来，汉朝对匈奴取得的最大胜利。消息传来，举国振奋。更为重要的是，此次出击，汉朝得到了"河南"（此"河南"并非是今天的河南，其地在今内蒙古黄河以南）。黄河以南土地肥沃，且有黄河天险作为屏障，战略位置非常重要。此前，长安与匈奴不过隔着一道长城，取了"河南"地后，匈奴对长安的威胁大大减弱，而汉朝对匈奴亦从守势转为攻势。所以，此役之重要，可算是汉匈战争的转捩点。

第三章

宣帝小中兴

政治斗争下的牺牲者

元平元年（公元前74年），刘询登基。刘询能够登基为帝得益于两个方面，一是皇帝刘贺的无法无道，使官员外戚都生出了废黜他的决心；二是霍光等人有实力废旧立新。

所以刘询得以继承帝位，不过是西汉"废旧立新"的一项尝试，甚至在霍光死后，霍氏家族还尝试着借此控制新的皇帝刘询，可惜事与愿违。既然霍氏家族与当朝皇帝的利益出现了冲突，宣帝刘询自然要对霍氏一门动手。

宣帝能够成为西汉中兴之君，自然有其非比寻常之处，他虽然身在民间，但对于皇朝内部的事情了若指掌，十八年来，他不断成长着，他要的只是一个机会。可是在他刚刚登基的时候,政府仍牢牢地控制在霍光手中;霍光的至亲和助手控制着禁军;他的儿子霍禹和侄孙霍山是朝廷的领袖。所以宣帝避其锋锐,对霍氏采取了怀柔拉拢的手段。

据传,当时刘询观察宫中局势,了解到自己很有可能被推上皇帝宝座,然而他最担心的就是自己将来成为一个傀儡,沦为霍家独掌大权的工具,因此,他才娶许平君为妻,以防霍氏一门外戚权力的进一步扩大。许平君之父曾一度侍候武帝,后来又被委派到废帝刘贺的昌邑国任职。在昭帝死前不久,许平君为宣帝生一子,他就是后来的元帝。宣帝刚即位,围绕皇后大位的问题,就出现了许多争议,大多数人赞成将霍光的一个女儿挑选出来,承继皇后大位、母仪天下。但皇帝坚决不同意,一来为了防止霍家权力的进一步扩大;二来,他和许平君是结发妻子,感情深厚,不忍叫她受委屈。因此,宣帝刘询坚持立许平君为后。宣帝把握时机,下了一道莫名其妙的诏书,声言自己在贫微之时曾经有一把旧剑,现在自己十分地想念它,众位爱卿能否为他将其找回来。"旧剑"就是暗指许平君。群臣揣摩上意,开始一个个请立许平君为皇后。许平君于元平元年(公元前74年)被册立为皇后,不久,皇后怀孕。这就是"故剑情深"的典故。从此,这一浪漫典故开始流传,成为中国历史上一道浪漫的诏书,一个王子对贫女的许诺。

本始三年(公元前71年),许平君生下一女后,霍光的妻子霍显与御用女医淳于衍相勾结,在滋补汤药中加入附子,让产后的许平君服用。许平君不久毒发,在痛苦中死去。汉宣帝非常悲痛,追封她为"恭哀皇后",葬于杜陵南园(也称少陵)。一年后,霍光之女霍成君如愿以偿取代她为后。

此后,宣帝便一直韬光养晦,暗中积蓄实力,但是霍家的人日渐嚣张。例如,霍光死后,他的埋葬奢侈豪华,随葬的陈设和服饰,如玉衣等,都是只有皇帝才能用的。而在霍光的葬礼上,霍氏一门的族人行为傲慢无礼,大事铺张,炫耀他们认为掌握得非常牢固的权力。不知不觉之间,宣帝仅存的对于霍光拥立自己为帝的感激之心,也在霍氏一门族人的嚣张跋扈之中消磨殆尽。在霍光死后，皇帝开始培植自己的势力，最为典型的就是：将张安世任命为尚书令；并且任命当时最干练的魏相为相，而霍光死后，丞相的权力和尊严正在迅速地恢复；继而任命丙吉为御史大夫，又委以他的岳父许广汉以重任，逐渐把权力收归己手。地节三年（公元前67年），霍光刚刚死去一年的时间，汉宣帝封许平君的父亲许广汉为平恩侯，同时册立与许平君在民间所生的刘奭为太子。霍显非常恼怒，甚至"恚怒不食，呕血"，并授意霍成君伺机毒杀刘奭。但因为太子的老师（一说保姆）先试菜验毒，所以霍成君几次下手均未成功。

贵为天子的刘询已是忍无可忍了。

首先，宣帝解除了霍光两女婿东宫、西宫卫尉的职务，剥夺了他们掌管的禁卫军权，这样，就将保卫自己的势力紧紧地攥在自己的手中。

其次，宣帝还将霍光的两个侄女婿调离了中郎将和骑都尉的职位，让自己的亲信担任南北军和羽林郎的统帅，继而把兵权掌握在自己手中。如此一来，霍家要是有什么动作，宣帝也可以用武力镇压。

再次，宣帝还提拔霍光的儿子霍禹为大司马，明升暗降，实际上剥夺了他的实权，其右将军屯兵的权力从此付诸流水。

最后，宣帝为了将霍山、霍云领尚书事的职务架空，还大力改革上书制度，下令吏民上书，直接呈皇帝审阅，不必经过尚书。

霍家的酒囊饭袋开始时并没有察觉，还以为这是宣帝对霍家的恩宠。此时，霍家掌握的权力被宣帝剥夺殆尽，特别是军权逐渐集中在汉宣帝的手中，霍家人终于明白，这个皇帝绝不是个头脑简单的人，而一想到宣帝对于许平君的深情，霍家还将其谋害，几个知情人就感到不寒而栗，惶恐不安之下，霍家最终决定铤而走险，举行叛乱，推翻汉宣帝，保住他们的既得利益。他们设计了两次阴谋，一次是谋害丞相，另一次是废黜皇帝而以霍禹代替。这两次企图都得到了以皇后名义颁布的诏书的支持。皇后为霍光的外孙女，她的诏书曾被非常有效地利用过,但这一次霍家不走运。阴谋的消息泄露到宣帝的耳中,不仅政变没有达到既定目标,霍氏一门还遭受了灭门之祸。参加叛乱的人都被处以极刑,其中霍光子霍禹、霍云,侄子霍山,都被杀或者自杀。

至此,刘询终于为发妻许平君报仇,比起吕太后、卫子夫等人,许平君得到的是宣帝的真感情,从这点看,许平君是幸运的。自此,在西汉朝廷中盘踞了十几年的霍家势力一朝覆灭,汉宣帝最终确立了他的绝对统治。

汉宣帝的雄才文治

在太子大位确立的同年,即公元前67年,一位小人物路温舒走进了大汉的历史。

路温舒,巨鹿(今河北平乡)人,此前一直默默无闻,因为他只不过是廷尉一名低级的廷尉史,位卑言微,只是默默地尽着自己的本分。但也正因为身在廷尉任职,所以路温舒比普通人更为深刻地了解酷刑的可怕。他认为刘询是个仁君,遂大胆地向其上了一份奏章,暴露司法的黑暗,要求废除酷刑。路温舒指出,造成冤狱的原因在于刑讯逼供,屈打成招。当酷刑将人的尊严都碾碎踩烂之时,认罪是唯一的解脱,尽管他可能是清白的,什么也没做过。

刘询见到路温舒这一纸奏章,深感有理,遂下一道诏书,命全国法官办理案件时要宽大公平。路温舒的这份奏章很温和、很微弱,虽然没有收到任何效果,但在很大程度上反映了刘询为帝者的胸襟气度。

自霍氏一门被诛除以后,刘询放开手脚,大刀阔斧地对国家各项政策进行改革。因为刘询在早年一直生活在民间,也时常受到吏治腐化所致的官员的欺压,因而及至登基,改革吏治便成为他心中最为迫切的愿望。

对于吏治改革的必要性,宣帝说道:"吏不廉平则治道衰。"所以,他即位后,宣布亲自过问政事,省去尚书这一中间环节,恢复了汉初丞相既有职位又有实权的体制。除此以外，宣帝还特别重视地方长吏的选拔和考核，并下大力气整饬吏治。为此，刘询建立了一套对官吏的考核与奖惩制度。他多次下诏对二千石（郡守级官吏）实行五日一听事制度；不定期派使者巡行郡国，对二千石官员的工作进行考察；根据考察结果，宣帝对其进行奖赏或者处罚。他颁布诏令说："有功不赏，有罪不课，虽唐虞犹不能化天下。"因此，在宣帝当政的20余年间，一大批因政绩突出的官员受到了奖励，或以玺书勉励，增秩赐金，或爵关内侯，升任九卿或三公。而对那些不称职或有罪的官吏，则严惩不贷。随着这些措施的推行，一大批符合汉宣帝价值观的"良吏"便逐渐造就而成，服务于大汉朝的各项职能部门当中。

经过宣帝时期的改革，吏治呈现一个特别重要的特点，即官吏"久任"制发展到较为完备的时期。

一方面，官员"久任"的实施范围已经从原本的朝廷大臣扩大到地方高级官员。以前只有侍中、尚书等参掌朝政的亲信近臣得蒙荣宠，到现在，连郡太守一级的高级地方官也多有"久任"者。汉代的郡国介于中央与县之间，在中央与地方的关系中，郡国郡守起承上启下、上传下达的重要作用。郡国守相的好坏，关系到一方的安宁与否的同时，也关系到国家的治乱兴衰。刘询深刻地认识到这一点，因而他在选任郡国守相，对于标准的制定和施行十分慎重和严格，其间规定：郡国守相首先必须由朝中大臣举荐；其次则需要皇帝亲自召见考核，考察其治国安邦之术。

另一方面，不轻易提升调动上述重要官员，不管他们有多大的功劳。国家只会另外寻求对策，给良吏以物质、精神两方面的奖励和褒奖。《汉书　宣帝纪》记载说道："至于子孙，终不改易。""枢机周密，品式备具，上下相安，莫有苟且之意也"，这是当时宣帝对于亲信近臣升迁贬谪的做法以及所取得的成就。

对此，上至朝中一品大员、小到地方郡守县令，在政令施行之初，都不太理解皇帝的心思，宣帝于是坦言道："郡守是'吏民之本'，如果时常调动变易就不会被其属下尊重，上下难以相安；如果实行'久任'制，百姓知其将长时期在职，就不敢欺罔上司，自然就会'服从其教化'"。为了表示对治理地方确有优异政绩的郡太守的奖励，宣帝会向其颁布玺书嘉奖勉励；在原有的薪俸基础上增加俸禄；赏赐金钱若干；甚至拜爵至关内侯，使之得以享受政治名誉与经济利益。

胶东相王成就在"考绩"中被认为安抚了大量流民，"治有异等"，因此得到了明诏褒奖，被宣帝提升其俸禄为"中二千石"，赐爵关内侯。而此前被贬的一代名臣黄霸，在出任颍川太守的八年里，励精图治，使郡中大治。考核结果出来，宣帝遂下诏称扬，并给予"赐爵关内侯，黄金百斤，秩中二千石"的额外奖赏。他们的职务尽管没有升迁，但是因为政绩得到肯定，自然会更加励精图治，以报浩荡皇恩。与此同时，皇帝此举，还可以让他们成为为官者效仿的榜样，可以刺激了政风吏治的改善，其意义之长远远远高于一般人所能预见。这些循吏或良吏执法公平，恩威并施，"所居民富，所去被恩"，故而得到当世之人的一致好评。"是故汉世良吏，于是为盛，称中兴焉"。人们将对于各处廉洁又能干的官吏的好印象，都转化成为对于宣帝的崇敬和支持，一时之间，刘询的伟大形象直追汉武帝。

从汉宣帝对吏治的改革良臣的奖赏可看出其的确是个勤政爱民，拥有着雄才大略的好皇帝。但是，仁政之君也有铁血的一面。

及至霍家被诛、宣帝当政，刘询便开始在刑罚上进行改革，强调严刑峻法，着手惩治不法官吏和豪强。一些地位很高的、腐朽贪污的官员都相继被诛杀。大司农田延年在尊立汉宣帝时，作用非凡，就连他也因为贪污而被告发。刘询震怒，田延年有功，并且一直被刘询引为重臣。这次他犯罪，正值宣帝改革刑罚之际，万万不能够因他一人而耽误了国家大事，虽然朝中大臣多为他说情，认为"春秋之义，以功覆过"，但刘询最终没有同意，派使者"召田延年诣廷尉"受审，拟以重罚于田延年，田延年无奈之下畏罪自杀。

刘询不仅以执法严明著称，还以为政宽简闻名。他认为，对待官员的贪赃枉法行为，必须施以严惩，然而对于平民百姓的治理，则需要一些善于明断同时又有宽大胸怀的官员，他们在定罪量刑之时，往往可以在怀着同情心的情况下，让百姓切实地得到利益。因此，宣帝在任用地方官吏时，除启用了一些精明能干的能吏去严厉镇压不法豪强外，大多数则是任用一批循吏去治理地方，从而改变了吏治苛严和破坏的现象，社会矛盾也得到了极大的缓和，政治局面亦得以稳定。

昭帝也曾采取"与民休息"的政策，收到了显著的效果，只是，对于盐、铁，依然没有进行彻底的改革。宣帝亲政后，加大了改革力度。他在地节四年（公元前66年）九月下诏道："吏或营私烦扰，不顾厥咎，朕甚闵（悯）之。盐，民之食，而贾咸贵，众庶重困，其减天下盐贾。"由此可见，工商官营政策在昭帝时期仍然存在部分施行，经过宣帝的大力整顿，这些政策的一些弊端，如官吏徇私枉法和贪污腐败等问题，在一定时期内得到了有效抑制，这有利于百姓的"休养生息"以及国力的逐渐恢复和强大。

一时之间，"昭宣中兴"被人们口耳相传，遂载入史册，被史家认为自汉朝立国以来最繁荣兴盛的时代。

第四章

主昏臣弱的朝廷

念亡妻刘询传位刘奭

宣帝甘露二年（公元前52年），御史大夫杜延年年老体衰，被免职，刘询立即提拔于定国担任。作为"中兴之君"，刘询很英明，没埋没人才，例如没胡乱地将张敞杀掉。在中央集权主义时代，千里马重要，伯乐更重要。

扶大厦于将倾，刘询扭转皇权即将崩溃的趋势，使大汉走向正轨，可以说是一代明君。但在生命行将结束时，有一件事始终让这位圣明之君放不下，他放不下的乃是儿子刘奭。刘询英明神武，儿子刘奭却孱弱好儒，只懂虚文腐礼。刘奭的柔弱个性，不能全怪他，应该从他的生活环境和教育背景找寻原因。

刘奭8岁就被立为太子，生活优越，是一朵长在大树下的小花，与刘询这根早年流浪在民间的劲草不同。环境能塑造人，刘询早年生活艰苦，因而他坚忍果决，能够经受大风大浪；刘奭是一个不懂生活艰辛的孩子，从未受过生活的磨难，也未经历过人生的风雨，更不会懂得人心的奸诈。

大汉君王治国，讲求"外儒内法"，表面上玩儒家功夫，以仁礼治国；内里施展法家手段，以严刑酷法为后盾。刘彻是这样的君王，刘询也是。刘询为巩固皇权接连处死赵广汉、韩延寿和杨恽等朝廷要臣，其子刘奭却不能承受。刘奭上书刘询，说刑罚太过苛刻，应该用儒术治国。刘奭这句话，体现了他暗弱的性格特征和好儒的思想趋向。刘询告诉他，治国方略讲求"外儒内法"，否则大权必然旁落。刘奭没经受过与外戚、士大夫和宦官的争夺战，不能理解刘询言语的深意。

经此一事，刘询知道了刘奭个性中的弱点，知其难以撑持大汉基业。刘询曾对人言：败坏我大汉基业的，就是当今太子。刘奭懦弱，刘询也曾想过另立太子。他心中的人选是淮阳王刘钦。可是，刘询始终不能忘却对许平君的感情，内心经过一番事业和感情矛盾争斗后，他选择感情。

许皇后与刘询早年共苦，却不能晚年同甘，刘询很遗憾。许皇后香消玉殒，留下孤苦无依的刘奭。如果刘询再抛弃他，刘奭就成了当年的刘询，甚至比当年的他更惨，因为刘奭并没有独立生活的能力。一想到许皇后，刘询就心痛；再想到刘奭是许皇后留下的骨血，刘询的心就软了。

弥留之际，刘询招来三位要臣，准备托孤。

刘询将刘奭托付给史高、萧望之和周堪。史高担任侍中一职，他是刘询的表叔，代表外戚势力。史高本人无能，但他背后的靠山很强悍，别人不能轻易撼动。萧望之和周堪是刘奭的老师，他俩权力不大，但学术功底深厚，谋划有方。

为了进一步平衡这三者的力量，使他们势均力敌，互相制衡，也为了奖赏他们，刘询重新分封一次。刘询封萧望之为前将军，兼任光禄勋；封周堪为光禄大夫；封史高为大司马，兼任车骑将军。萧望之和周堪代表潜在的士大夫势力，如果他二人能够好好利用智谋，可以阻止外戚专权；史高代表根深蒂固的外戚势力，靠着这棵千年古树，史高能够防止士大夫弄权。

宣帝遗诏，命萧望之、周堪和史高共同辅佐刘奭。

于定国一向不喜欢惹事。所以刘询任他为相，却没有叫他辅政。于定国断案，能够达到"民自以为不冤"的效果，因为他喜欢充当和事佬，不惩处甲方，也不优待乙方。于定国这种性格，适合做事却不适合辅助君王。如果让于定国辅君，他只会暂时缓和争夺诸方的矛盾，而不是彻底解决。矛盾被缓和，但仍旧存在；如果于定国身死，矛盾大爆发，刘奭将无法控制。以刘奭的能力，不可能在夺权大战中胜出，刘询需要顾命大臣彻底消灭矛盾，而不是缓和矛盾。

昏主弱臣下党争不断

史高与萧望之相比，一个是地下的泥淖，一个是天上的云彩。萧望之是儒学大师，事事都站在德行的高峰，一副万世师表的模样。在儒家的理想境界里，当其位就要有其能，更要谋其政。史高无德无能却被封为大司马，深怀儒士理想的萧望之不服。萧望之身为顾命大臣，就想履行他的职责，驱除史高，架空他的权力。

同时封了三位顾命大臣，宣帝的目的是希望实现三角稳定，互相制衡。然而，萧望之和周堪的相似性很强，他们俩都代表士大夫，只能算是同一股势力。萧望之是东海兰陵（今山东苍山兰陵镇）人，周堪是齐郡（今山东淄博东北）人，他俩是老乡。他俩都曾拜夏侯胜为师，钻研《尚书》，师出同门。萧望之是太傅，对《齐诗》研究精深，周堪是少傅。这么多相似性叠加在一起，他俩就相当于站在同一条船上。更重要的是，他俩面对一个共同的敌人，无能而居高位的外戚史高。

于是，三角计划蜕变为两极对抗，即萧望之联合周堪对抗史高。史高是外戚，势力根深蒂固，难以撼动。要与泰山比雄，就必须找寻另一座大山，这座大山就是皇室子弟，学术大师刘向。

刘向，原名刘更生，汉元帝死后，改名为刘向。刘向颇有才气，编辑过《战国策》，撰写过《说苑》等好书，萧望之对其很欣赏。刘向祖上是随刘邦征战天下的刘交。刘向是刘交的第四代子孙，自然维护皇权，深得萧望之器重。萧望之、周堪和刘向志同道合，三人组成一个反外戚的士大夫联盟。

为了扶正刘奭，萧望之与周堪联名推荐刘向为散骑宗正给事中。任职后，刘向的任务就是陪在皇帝身边，监督皇帝过失，善言劝谏。萧望之安排刘向在刘奭身边，就是给刘奭找寻一个引导人，以免他误入歧途。

但是刘奭没有毅力，心志不坚。

刘奭称帝后，朝臣上书，推荐张敞为刘奭的老师。张敞面目有些凶恶，众人觉得倘若他教导刘奭，也许能改变刘奭懦弱个性。

刘奭丝毫没有断事能力，为自己任命一位太傅，也要咨询老师萧望之。萧望之自然不同意，说张敞言行轻佻，不适合当太傅。张敞为妻画眉，爱逛风流之地章台街，人人皆知。刘奭听萧望之如此说，默然同意。但张敞乃有才能之人且声名远播，不能永远屈居在地方。于是萧望之调张敞回朝，安排他任左冯翊，打击黑恶势力。然而，命令刚下，张敞就死了。

刘奭生性好动，没有定性，爱东逛西游，刘向不能时常陪伴。为了皇帝安全，萧望之另外给刘奭安排一名跟班，命他随时跟随刘奭。

此人名叫金敞，担任侍中。萧望之不用张敞这等高手，而起用一个名不见经传的后生晚辈，除了顽固外，更是忌妒心作祟。同朝为官，萧望之不能容人，必然自堵后路。

刘询刚死，萧望之就急忙安插人手在刘奭身边，组建士大夫联盟，意图很明显。史高虽无能却不是傻瓜，看出了其中的门道。刘奭在萧望之的掌控之中，无论大事小事，都咨询萧望之却不咨询史高，史高就有名无实，他已被萧望之架空。掌控刘奭后，对萧望之而言，史高就没有太大威胁了。

兵来将挡。萧望之拉帮结派，抢占地盘，史高也要组建联盟，全力反攻。外戚跟皇族表面是亲家，实质是仇敌，自吕雉专政以来，无不如此，因此史高不能拉皇族。史高无德无能，没有才学，也无法拉拢士大夫。正当绝望之际，史高脑里灵光一闪，决定拉拢宦官。萧望之能架空史高，全因安插刘向和金敞在刘奭身边。如果史高能拉拢宦官，萧望之联盟就遇上对手了。

史高想报复萧望之，仆射石显帮了很大的忙。

原本，石显有一位上司，名叫弘恭。弘恭是中书令，负责管理宫廷事务，石显是事务执行官。石显是沛人，弘恭是济南人，他俩早年不守规矩，被罚宫刑。宫刑后，石显苦学法律，期盼在皇宫谋职，刘奭称帝不久，提升他为中书令。史高找石显商议组建外戚—宦官联盟的大计后，石显越发极力讨好刘奭。生性懦弱的刘奭更需要石显这种人的哄骗。刘奭没有处事能力，身体虚弱，意志力也很弱……每当奏章很多时，他就让石显代劳。一旦掌控批复奏章的大权，就掌控了处治天下的权力，石显自然很乐意。

石显乐意代劳，刘奭顿觉轻松，抛下国家，一心钻研音乐艺术。在第一局，通过刘向和金敞的手，萧望之掌控刘奭；在第二局，通过石显的手，史高掌控刘奭。两大联盟组建后，刘奭的皇权就是他们所欲争夺的东西，围绕刘奭，双方决定火拼。最终，士大夫集团在不断争斗中走向灭亡。

第三卷

帝国没落，满腔柔情失江山

第一章

王莽篡权，西汉终亡

国无能主，王莽摄政

刘氏垄断了几百年的皇权，有野心的人看得眼红，无能的人等得心酸。王莽埋葬了三个皇帝，三个皇帝都没能留下子嗣。刘骜过继刘欣为儿子，刘欣登基时正是青壮年，差一点就能够驱除王氏一族在野的势力。可惜的是，称帝后的刘欣一心沉迷酒色，还没选立太子就死在壮年，为王莽进入权力的殿堂打开了大门。王莽趁此天赐良机，剪除异己，最终独霸天下。

短命而死的刘箕子没有留下任何子嗣，为了大汉的江山，王莽只能迎立其他人为皇帝。王莽遭遇过刘欣登基后的反面教训，享受过刘箕子登基后的正面经验，知道他应该迎立年幼的皇帝。在王莽的心里，皇帝越年幼越好，最好是遗腹子。

安葬刘箕子后，王政君下诏选立皇帝。王政君活了很久，她的老公刘奭一脉却后继无人，真是悲哀。刘奭后继无人，不能怪王政君，也不能怪刘奭，只能怪刘骜和刘欣。刘箕子还未成就被毒死，是受害者。对皇室家族而言，什么都不缺，就缺血脉。血脉的连续性，深刻地影响一个王朝的发展。

刘奭一脉断绝，朝臣翻阅刘氏家谱，追溯到刘询的曾孙。在这一辈人中，有5位亲王，48位列侯。王莽听到有这么多候选人，心都凉了。王莽不是担心人多不好选，而是害怕选中成年人当皇帝。不过没关系，王莽大权在手，他可以随便破坏规则。

王莽说，刘骜规定，同辈人不能先后当皇帝，即如果哥哥当皇帝，弟弟就不能当。在古代，皇位的继承有两种方式，一种是兄终弟及，另一种是子承父位。兄终弟及指皇帝死后，由他的兄弟继位；子承父位指皇帝死后，由他的儿子继位。刘骜规定同辈人不能先后当皇帝，朝臣只能从汉宣帝的玄孙中选。

在权力继承的关键时刻，上天又帮了王莽一把。汉宣帝有二十三个玄孙，二十三个都没成年，有的甚至是婴儿。为了明天，王莽决定当一次皇帝爸爸，选立刘婴为皇太子。王莽选立刘婴为皇太子，意思就是让刘婴当太子。如果说刘婴不能当皇帝，那一定是因为王莽想当。

时代变迁，王政君老了，她无法适应王莽掌权下的朝廷。面对这样一个阻力，王莽决定将王政君踢下自己驾驭的权力马车。王莽是制造流言的高手，王舜则是天生传播流言的好手，他们两人搭配，天下无敌。王舜去找王政君，告诉她一件事，说北长安郡上了一道奏章，发现一块很奇异的大石，大石上刻有"告安汉公王莽当皇帝"几个字。

王舜看着王政君，王政君看着王舜，彼此都默然无语。在王政君眼里，眼前站立的仿佛是昔日的王莽，那时的王莽很听她的话。她要王莽辞退，王莽毫不犹豫就辞退；她要王莽留下，王莽二话不说就留下。然而，物是人非。此时王舜看着王政君，仿佛看到摄政的王莽。一旦王莽摄政，王舜就会被封官加爵。没有人是天生注定要成为别人的帮手的，王舜很有成为帮手的潜质。

见王政君失魂落魄，王舜马上安慰，说王莽只想摄政，不会称帝。无权无势的王政君只能相信，也只能屈服。在王政君心里，摄政与当皇帝没区别。她摄过政，知道摄政就是行使皇帝的权力。看着王舜离去的背影，王政君仿佛看到大汉王朝的末日。

6年，三月一日，王莽立刘婴为皇太子。刘婴被立为皇太子的诏书一下，王莽之心，天下皆知。王莽想当皇帝，别人也想；王莽想行使皇帝大权，别人更想。为了权力，刘氏子弟率先大举义旗，高呼讨伐王莽。

名誉对于王莽而言，其重要性不亚于生命。因为正是名誉使他步步高升；一旦王莽自毁名誉，名誉也会制他于死地。获得好名声很难，招致坏名声却很容易。就这样，王莽背上篡位的名，成了众矢之的。第一波义军的到来，是对王莽实力的考验。

刘氏宗室安众侯刘崇伙同相国张绍商议造反，引发第一波义军。刘崇有雄心，但行事全凭血气，成不了大气候。他率领封国境内的人，雄赳赳地攻打宛县，结果被王莽大军碾为齑粉。死了行事莽撞的人，人们会为他们悲哀，而不是为他们默哀，翟义就是持这种观点的人。

翟义是枉死鬼翟方进之子。看到翟义，令人不禁想起翟方进的无辜枉死。翟方进不是昂然走向长安的菜市口，也不是凛然走上断头台，而是无可奈何地结束自己的生命。在刘骜统治的时代，被活活逼死的人不多，其中翟方进之死最为特殊。

吸取了刘崇的败亡经验，东郡郡长翟义秘密传书刘氏子弟，邀请他们结盟造反。翟义的上司刘宇，即东郡都尉，与严乡侯刘信、刘信之弟武平侯刘璜商议，决定在九月起兵。九月是好月份，因为九月可以训练民兵。借训练民兵之机，翟义广招军马，径直向长安进取。

翟义大军开动，东平王刘匡领军紧随。刘匡很有野心，认为王莽将被一举歼灭。一旦王莽被义军歼灭，长安就是他的。他将封国的军队交给翟义，条件是翟义拥立他老爹刘信为帝。刘匡之举表明，起义的并非都是居心纯正的人。改编法国罗兰夫人的一句话：诛杀国贼，多少人假汝之名誉而行。

翟义生就一身正直大气，他出兵的目的只为消灭王莽。他不管谁当皇帝，很快接受刘匡的条件。王莽爱造声势，翟义就将声势造得特别大。翟义自封为汉朝大司马，传檄四方，呼吁百姓参加义军，共同诛杀国贼王莽。翟义以他的行为告诉世人，什么是真正的起义。翟义能跟刘匡合作，可见他比翟方进知道轻重缓急。

到达阳郡（今山东金乡县西北昌邑镇）时，翟义声所帅的义军兵力已有十万。

爬上权力的巅峰

王莽在政治界独步天下依靠的是他的权谋。人有所长，必有所短，军事就是王莽的短处。王莽力求得到民心，全因害怕失去民心。在王莽的思想意识里，从未出现过战争的干扰。崇尚周公的治理，又身在和平的年代，王莽根本不知道战争为何物。

义军刚刚造反时，王莽的反应很像秦二世，他认为天下安康，百姓不会造反。直到义军如山崩般震动长安城，朝臣纷纷上书，王莽才觉悟。他从未想过的事情到底发生了。自认为深得民心的他，一夜之间成了众人唾骂诛杀的对象，王莽很迷茫。

静静地等待时间流逝的王政君，期待着历史给出的最后答案。她再也没有力量去干涉整个事件的发展，不过作为同样时代洪流中的一个人，她渴望知道最后的结果。对于已经伤心过度的王政君而言，结果只是一个事件，不掺杂任何人类情感的历史事件。

义军势大，王莽手上没有勇当万夫的将军，因此他连封7个将军。就战争而言，王莽深信人多力量大，他认为7人足以挫败义军。王莽的政治理想是赢得民心，受民景仰。他很爱惜民心，人多力量大的想法来自王莽的民心观念。这次，王莽将政治观念嫁接到军事战略上，却不将政治权谋用到军事上。这点看来，王莽很是失败。作为一个爱惜民心的人，他的所作所为恰恰是一步步地践踏民心。看来真实的王莽除了玩弄权术，一无是处。

因为义军都是关东人，为防止军队倒戈，王莽禁止关东人担任将领。7位将军领军迎击义军后，王莽又任命3位将领，命他们分别驻守函谷关、武关和宛县。这三个关口是保卫长安的三道防线，函谷关离长安最近，宛县距长安最远。刘崇势单力薄，他率领的第一波义军就是败在宛县。

失去民心后的王莽，面对着百姓的内外夹攻。迎战义军的部队刚出发，京畿地区立刻发生内乱。懂得利用时机的人都会想，王莽派遣大军出战在外，长安兵微将寡，如果及时起义，王莽一定守不住皇宫。赵朋和霍鸿正是因为懂得看破这一点，才顺势起义想借机发财的。这倒不能怪他们，想当年汉高祖刘邦也曾利用天下大乱，顺势起兵。顺势起兵的人越来越多，义军的队伍也逐渐壮大。

朝廷大军作战在外，赵、霍义军遇到的阻力很小。很快他们二人率领的义军势如破竹般，接连攻下23个县，翟义所领导的义军势大，但只是手足之患；赵、霍义军势小，却是心腹之患。一旦义军攻入长安城，王莽只能面对失败的惨状。

心腹患大，真是火烧眉毛。急得王莽连忙派卫尉和大鸿胪领兵出城，命他们死力攻击赵朋义军；又命骑都尉和城门校尉严守长安城，不让闲杂人随意进出。王莽视皇宫为老家，派人严密巡逻。

王宇的老师吴章分析有理，王莽还是敬天畏神的。就在义军内外夹攻之时，王莽抱着年仅三岁的皇太子刘婴，气急败坏地前往刘家祖庙。他指天为誓，极力证明自己并不想当皇帝。王莽说，他所做的一切都是为了保护刘氏祖业，绝无二心。为了安抚百姓激愤的情绪，王莽传书四方诸侯，告诉他们刘婴很安全，王莽没伤他一根毫发。

上天再次站在了王莽一边。就在王莽即将败亡的关键时刻，王莽军大败翟义军于陈留郡。翟义十万大军，竟然不堪一击，只能说是天意。义军失败，翟义即刻被捕，最后被五马分尸了。想当皇帝的刘信则趁乱逃亡，不知所踪。为了大汉基业满腔赤诚的翟氏父子，先后为国牺牲，实在是可敬！

最大的义军被剿灭后，赵朋这等专门依靠投机存活的小角色更是不堪一击。俗话说人逢喜事精神爽。转危为安的王莽此时更是锐气当头，他派出几支大军，将赵朋义军活活挤死。主要势力被消灭后，王莽花费两个多月，彻底铲除义军。

义军四起，确实非常惊险。平定下来后，王莽坚信大难不死必有后福。为了后福，王莽决定大干一场。王莽愈发相信他才是顺应天命应该当皇帝的人。

王政君看着义军兴起和衰落,着实百感交集。正当王政君感慨之际,王莽呈上一封奏疏,说剿灭义军后,四处出现祥瑞;祥瑞接连出现,是天意使然;王莽功比周公,他不再用摄政年号,而是直接掌握政权。王莽表示,待刘婴长到20岁,他就交出政权。王莽说等刘婴长到20岁,但刘婴哪天死,只有鬼才知道。

王莽摄政期间,天下到处都是灾难,到处都是祥瑞。不能时光穿梭,很难判断是灾难多还是祥瑞多。但是,义军四起,即使没有天灾,人祸也不小;即使有祥瑞也早就被踏平。无论灾难和祥瑞,受尽苦头的总归是忠厚老实的百姓。

8年,十一月二十五日,王莽前往刘氏太庙祭祀,接受加冕典礼;接着,王莽颁布诏书,说祥瑞接连出现,预示他将登基称帝,甚至就连汉高祖刘邦也同意他即位。王莽此言甚是荒谬,他的这些奇谈怪论和耿育当年的论调真是半斤对上八两。

8年,十二月一日,王莽登基称帝,建立新王朝。

王莽所做的一切,只是为了证明他获得皇权上顺天意,下合民心。然而,独掌大权只手遮天的王莽,很有自说自话的嫌疑。纵使百姓有眼,也有口难言。王莽为了争取民心,证明自己的合法性,他决定抢夺王政君手中的玉玺。

刘欣死后,为防止董贤擅权,王政君在第一时间将玉玺抢到手。自抢到玉玺起,玉玺从没离开王政君。王莽登基称帝,只有玉玺在手能证明他是被禅让的。简单来说,如果王莽没有玉玺,他就是篡位,就是盗国贼。为了皇权,王莽费了九牛二虎之力,只差最后一步了,无论如何,他都要走到底。

自王莽掌权,王舜就是连接王莽和王政君的桥梁。为了少伤感情,王莽又派王舜去向王政君要玉玺。这不是王舜第一次逼迫王政君,对付王政君,王舜已经总结出经验了,即用很好听但很有威慑力的话晓谕。王政君也不是第一次遭遇王舜,一见到王舜,王政君就发生条件反射：第一时间拒绝，第二时间沉默，第三时间顺从。

王舜拿走玉玺，王莽爬到权力的顶峰！

第二章

揭竿而起重兴汉室

刘秀的身世

刘秀，字文叔，南阳郡蔡阳县人，是高祖刘邦的第九代孙，他祖上可以追溯到景帝所生的刘发。刘发这一支传到刘秀，已经破落不堪。刘秀自负身具高祖之血脉，此生断断不能就此默默无闻。幼年的刘秀心中已经有了匡扶汉室的志向。

刘秀的父亲刘钦是个小小的南顿令，《汉书》记载说："令、长，皆秦官也。万户以上为令，秩千石至六百石；不满万户为长，秩五百石至三百石。"由此观之，刘钦不过相当于品秩为六百石至千石的一个县令，从长沙王到南顿令刘钦，刘发一族真可谓是江河日下，一代不如一代。汉平帝元始三年（公元3年），刘钦去世，家族失去了唯一的政治支柱和经济来源，刘縯、刘仲、刘秀兄弟，刘钦的长女刘黄、次女刘元、三女刘伯以及其母樊娴都顿时陷入食不果腹、衣不御寒的困苦境地。幸好，当时刘秀的叔父刘良家中尚有几亩薄田，还能够在这乱世之中谋求一个生存，刘秀、刘縯兄弟从小就比较勤快懂事，刘良便顺势收养了他们。自此，刘秀变成了南阳郡春陵县里的一名农夫。

二十年之后，刘秀已经长成一个健壮的青年，他身高七尺三寸，须眉浓美，有着大大的嘴巴、高高的鼻梁、饱满的额角。为了养活自己的母亲和几个未出嫁的妹妹，刘秀每日勤勤恳恳，对农事不松懈，但是他的长兄刘縯喜好侠义，收养门客，并且常常耻笑刘秀只会经营农业，还把刘秀比作高祖刘邦的兄长刘喜一样，胸无大志，混沌世间。

燕雀安知鸿鹄之志，刘秀不仅善于耕种，还能够在闲暇之余找些书籍增长自己的见识和阅历。反观其兄，虽然性情刚毅，豪气冲天，却好高骛远。此外，刘秀还是一个富有经济头脑的人，年夏、秋大忙以后，刘秀便利用农闲时间，把谷物等农产品运往新野、南阳销售。古人云"人看从小、马看蹄爪"，刘秀从小就乐善好施，学会与人相亲相助，品行淳美，有君子之风，深得乡里赞誉。

王莽天凤年间，精通《尚书》的中大夫庐江人许子威在长安的太学中开馆讲学。刘秀听说后卖了一些粮食和其他财物，与他家乡的志同道合之士一起凑钱合买了一头驴，雇人驾着驴车来到京城长安，从此走上了他辉煌人生的起点。

刘秀的发奋读书，最初并无什么大志，而是为了发达后娶南阳新野县的阴丽华为妻。

刘秀在长安求学的时间只有短短的三年，却为他此后的人生奠定了一定的基础。

长安是当时世界上最繁华的城市，文化昌盛。大开眼界的刘秀在这结交了许多俊杰，如朱祐、严光、邓禹等人，都是以后东汉历史上惊艳一时的人物。

朱祐字仲先，南阳郡宛城人，是一个高士才子，文武双全，在长安群儒之中颇为有名。他从小就与刘秀兄弟交好，由于刘秀在学问上远远不及他，所以刘秀经常到他的居所去向他求教。据传，一次刘秀在长安生了病，要买蜂蜜入药。虽然此时刘秀已经到了长安求学，但是其家境没有任何改变，因此，这买蜂蜜的钱便成了此时刘秀的最大困境。朱祐知道后，仗义疏财，直接自掏腰包添钱帮刘秀把蜂蜜买了回来。对此，刘秀一直心存感激。后来，刘秀取得了天下，回赠给朱祐一石白色的上等蜂蜜，开玩笑地问他："仲先兄，这种蜂蜜，与在长安时我们买的那种相比，味道如何？"说罢，二人相视大笑，当年的情景也一一浮现在眼前。

严光字子陵，会稽郡余姚人，又名严遵。他很有才学，少年之时，即已名满天下。可惜他为人清高孤峻，不慕富贵、不侍权贵，后来成为著名的隐士之一。严光虽然孤傲，却与谦虚好学的刘秀一拍即合。时间一长，二人就慢慢地成了至交好友，成为当时的一段佳话。

邓禹字仲华，南阳新野人，当时只有13岁，也受业于长安。邓禹虽然年纪最小，却能咏诵《诗经》，俨然是一个神童。刘秀对此十分惊奇，一直想和他结交。而邓禹也看到刘秀相貌奇伟，感觉非比寻常。邓禹再听其言论，看其品行，察其胸襟，更觉得刘秀器宇非凡，绝非池中之物。于是，二人倾心结交，也成了好朋友。

虽然刘秀在长安的三年学习生活很快因为家庭困境而终止，他学习《尚书》，也仅仅是粗略弄懂了书中的内容。却在与朱祐、严光、邓禹的交往中，受益良多。他们三人在学问、见识、品德上都给予刘秀极大的启发，后来更是在他逐渐强盛的时候成为其心腹臂助，几人少年豪杰，谈笑江山、纵论江河，引得无数豪气人士欣然神往。刘秀也是在此间的交际中，逐渐形成其雍容大度的气派、虚怀若谷的胸襟、坚毅宽厚的品格、处变不惊的反应能力、驾驭群下的深谋远略。他最终凭此问鼎天下。

王氏必灭，汉室当兴

天下盛传："王氏必灭，汉室当兴。"对老百姓而言，谁当皇帝都是一样，只要他们能够在饥饿的时候有一口饭吃，在寒冷的时候有一件衣服穿，在打雷下雨的时候有一个可以躲避的场所，就足够了。但是如果天下又将易主，那么无论兴亡荣辱，苦的可都是老百姓了。想想"浮尸百万流血漂橹，千里沃野无炊烟"的凄凉和沧桑，多少让寻常百姓不寒而栗。人们不禁或明或暗地问询，天下真的又要大乱了吗？

这日，一个名叫李通的人来找刘秀兄弟。李通，字次元，也是南阳宛城人。李家世代经商,他的父亲名叫李守,精于生意之道,李家生活非常富裕。李守虽然社会地位不高,却治家有道,善于教育子弟。在他的督促管教之下,他的儿子李通也成了一个有学问的人。

李通的父亲也和当时社会的众多富贵之人一样,在这个乱世之中,没有什么力量可以保存自己的家世地位,就连支撑起这个社会的政权都会随时崩溃,因而只能相信一些莫须有的东西,那就是卜卦之术。不久,还真的让他父亲得到一个谶语,"刘氏复兴,李氏为辅",并告诉了李通,李通得此谶语,日夜研究,最终认为,或许自己该辅佐那个顺天应命的人。如果成功,那便是三公九卿、封侯拜将,光宗耀祖自是水到渠成。于是,李通毅然决定,辞去现下的补巫丞的这个芝麻小官,去寻找自己的远大前途。适时南阳刘秀的兄长宽厚仁侠之名远近知名,李通的堂弟李轶就对李通说:刘縯、刘秀兄弟泛爱容人,可以共谋大事。李通笑了笑说:"正合我意。"原来他也早就有了想法。于是李通就要李轶设法与刘縯联系。

皇天不负苦心人,经过几番寻找,李氏兄弟终于找到了刘秀。然而此时的刘秀,却刚刚从大牢中出来。原来,南阳大旱,饿殍遍野,刘秀及其兄长便生了造反自立的心思。为了筹集军费,刘秀利用善于经营的优势,将家中的粮食全部运到县城变卖。哪知这边的官吏知晓后,不经任何查实,便定了他偷盗粮食之罪。官吏认为在如今这个人人缺衣少食的时候,他们的粮食一定不是来自正途。刘秀就这样被关进了大牢之中。正当刘秀哀叹自己时运不济、命运多舛之时,竟碰见了旧时朋友樊晔。樊晔字仲华,新野县本地人,此时正是县里的一个小官吏。樊晔让刘秀饱餐一顿,又帮助他去寻找自己的姐夫邓晨。樊晔花了些钱,将刘秀救了出去。

此事虽然不大,却也让刘秀认识了当时社会官吏的腐败。官员不辨黑白就擅自抓人,这样的朝廷留着也只是祸害百姓。刘秀刚刚出狱,便听闻李轶竟然要来见自己。此前自己的兄长刘縯因为不满李通的一个兄弟申徒臣为人傲慢,一怒之下,将其斩杀。这样说来,刘李两家还有不小的仇怨。因此,刘秀踌躇不决,他担心李轶此次前来是不怀好意。于是,他前去见李轶,还不忘带上一把匕首。

宛城人李通、李轶见到刘秀,忙用河图符命征验的书来劝导刘秀说:"刘氏家族要重新兴盛了,李氏家族是刘氏宗族的辅佐,而刘家的那个真命天子就是刘秀。"刘秀开始不明所以,因为对二人的来意不是很清楚。刘秀担心此事一旦传了出去,自己便是跳进黄河也洗不清了,随时会招致杀身灭族之祸。李通、李轶等人何等聪明,知晓刘秀必定是不相信自己。他俩再看刘秀衣袖中还带着匕首,必然是为了防范自己。二人直接道明来意,劝说刘秀举兵造反。刘秀暗想,长兄刘縯一向结交盗匪,必然举兵起事,而且此时王莽败象已露,天下一片混乱,便和李通决定准备起事,在城中购置弓箭武器招兵买马。

李通知道,自己一旦举兵造反,王莽政权必定不会放过自己的父亲李守。因当时李通的父亲李守还在长安,李通怕父亲出事,赶紧派他堂兄的儿子李季到长安把事情报告给李守,让他赶紧逃跑。然而,天有不测风云,李季竟然在半路上一病不起。幸好这个消息还是传到了李守的耳中,李守闻讯,大惊失色,立马决定举家迁徙,逃离长安。

但在李守逃离之前,他将这个绝密消息告诉了自己的世交好友黄显。黄显此时正在新莽朝廷里做中郎将,闻言忙向李守建议道:"普天之下莫非王土,率土之滨莫非王臣,你相貌突出,怎么能够逃出官府的通缉呢?如果你能够大义灭亲,在事情没有爆发之前,主动向王莽告发,或许可以免了你一家的罪责。"李守闻言,觉得黄显言之有理。于是,李守便写了一封检举信,委托黄显上书朝廷,告发儿子李通与刘縯、刘秀兄弟准备谋反。

可惜,李守的检举信还未到王莽的手中,李通谋反的消息便已经泄露,南阳老家的李氏家族成员大部分已经被捕。王莽得知李守是李通的父亲,不由分说,立即下令把李守提拿归案,打入天牢。黄显虽然是朝廷官员,却更是李守的好友,他知晓此番自己若不求情,李守必定难逃杀身之祸。于是,黄显冒着生命危险向王莽进言:"李守听说儿子犯下了大逆不道之罪以后，不敢逃亡。他为人一向忠义，知道自己的儿子犯了法，就向朝廷请罪了。所以臣愿意带着李守一起东行，跟他的儿子晓以大义。如果他儿子还是不肯回头，李守就会以死谢罪。"王莽知晓黄显是一个忠义之人，认为他的话应该没有问题，就答应由他带着李守一起去南阳平定叛乱。

恰巧在这个时候，南阳太守甄阜的紧急奏章送到了长安，甄阜在奏章中详细描述了李守的儿子李通参与谋反的细节。王莽看到后大怒，立刻下令斩杀李守。等黄显再去求情，也遭受连带之罪。李黄二人在长安的族人也被全部杀光。

另一边，刘縯一方面大力积蓄力量，另一方面也认识到想造反起义，单单靠舂陵宗室子弟以及自己结交的那些宾客、朋友是不够的。造反的力量还是太弱小，难以成大事。于是，他便找上了新市、平林军的绿林首领王匡、陈牧等人，并迅速与之达成起兵协议。

主意已定，刘縯成为了起义军首领，让刘秀到宛城与李通、李轶等人联合起来做好起义准备，又叫自己的姐夫邓晨在新野带领家眷前来会合。他还督促李通、李轶等人按照原定计划，于九月立秋日在宛城绑架甄阜、梁丘赐举事。而刘縯自己则率领刘氏宗族子弟在舂陵加紧准备物资，等候绿林军前来汇合。

时间一天天过去，就快到了起义时间，宛城方面却杳无音讯，刘秀那边也没有消息。不久，探子回报，李家和黄显家都被王莽灭了族，只有李通、李轶、李松等三人逃走，下落不明，官府正在通缉捉拿他们。刘縯知道，关键时刻来临了。或许此时南阳郡守已经知道了自己意欲举兵的消息，随时可能来捉拿自己。刘縯当机立断，起义照常进行。不久，刘秀等人的回来让刘縯悬着的心放下了一丝。然而，这是族中许多人却不同意起兵，因为他们害怕，起义不成等待他们的是诛灭三族之祸。

其中，刘秀等人最为敬重的刘良也极力反对。刘秀兄弟为了防止他泄密，派人严密看护住他，同时积极筹划，向族人鼓动。终于，经过一番计较，全族人上下一心，决定破釜沉舟，举行起义。在刘縯的带领下，舂陵刘氏子弟，总共七八千人与绿林军首领王匡、陈牧等人汇合。

这年十月，刘縯、刘秀兄弟与李通及其堂弟李轶等人在宛城正式起兵，这年刘秀28岁。

揭竿起事夺天下

万事俱备，只欠东风，刘氏一族八千子弟都已经在刘縯、刘秀兄弟处积聚。绿林军首领王匡、陈牧也带人也赶了舂陵与他二人汇合。刹那间军威大振，杀气冲天。只是临行之前，却一直不见李通归来。

除此之外，还有一件事情让刘氏兄弟感到不安。起义军队成员龙蛇混杂，特别是王匡、陈枚的绿林军大多是都是土匪山贼出身。刘氏兄弟深知要成大事，就必须严格约束他们，不然迟早会败亡。但事急从权，一时半刻，到也难以制定有效的策略，只能先起义，再图后事。

每一件大事的完成，都不是表面所看到的那样简单，而一个完备的计划，则能够将事情成功的概率大大提升。刘縯深刻地明白这个道理。在兵力会师之后，他便着手制定了一个先向西夺取西长聚城，再占领棘阳，然后攻击宛城的战略计划。他意图先占据宛城，凭借这个进可攻退可守的有利位置割据一方，然后传檄天下，号令忠于刘家汉室的天下群英云集麾下，共同讨伐王莽，从而恢复汉室。几大首领知晓这是目前最为稳妥的计划，便欣然同意。

有人说"守业更比创业难"，这句话或许有些道理，但是创业之艰难，也是许多守业之人难以想象的。恰如此时的刘秀兄弟，在上战场之初，虽然变卖了家中所有的财产，却依然十分拮据。后来有人传言，在刘秀上战场之际，竟然没有一匹战马可供刘秀所用。无奈之下，刘秀只得骑着一头水牛冲锋陷阵。这成为了后世演义中的一段佳话，人们都说刘秀是"牛背上的开国皇帝"。直到刘秀在战场上斩杀一名新野军士，他才缴获到自己的一匹战马。这或许有夸大的成分，甚至有人不禁要问，绿林军何等气势，哪能不为刘秀配一匹战马呢？殊不知，刘秀此时虽然骁勇，却只是其兄手下默默无闻的一名军士，即使有战马可配，也是配给刘縯的。

幸好起义尚且算得顺利，起义大军很快就攻克西长聚城、唐子乡（即今湖北省枣阳市唐子山下的太平镇），他们杀掉了湖阳县尉，打败了新莽官军。初战告捷之下，起义军声威大振，这让全军的士气大为提升。然而，让刘秀和刘縯兄弟担心的事情还是发生了。起义军刚刚攻克西长聚城，绿林军从将军到寻常兵士就开始大肆抢掠，奸淫烧杀，无恶不作，激起了民间百姓的反对甚至是反抗。而随着起义军攻克了唐子乡，刘氏兄弟的家族部队得到了较多一部分财物，此事让一向嚣张跋扈的绿林军知晓后，刘家部队很快就陷入了危险的境地。说不定绿林军在忌妒和愤恨财物分配不均的心理支配下，会做出杀人夺宝的勾当。为了维持起义联盟，刘秀当机立断，将所收缴的财物大部分分给了绿林军，这样才使大祸消弭于无形。

军心一定，士气一涨，刘氏兄弟的野心就逐渐膨胀起来，连着他们的胆子也大了起来。二人与绿林军商议，决定一鼓作气，攻下当时比较大的县城棘阳。整军备战方三日，刘縯便急不可耐地传令部队进攻棘阳。也算起义军的大幸，还没等起义军到城下，新莽朝廷的棘阳县令岑彭见势不妙，弃城带着家眷逃走。起义军兵不血刃就拿下了棘阳。

此时的李通，由于全族都被王莽杀害，自己更是遭到王莽的通缉，只能带着弟兄以及少数宾客逃亡在外，四处躲避。不久，他便听说刘縯率军，一路势如破竹、所向披靡，此刻正欲攻取棘阳。李通欣喜之余，决定率门下投奔于刘縯。当他赶到了棘阳城外时，遇到了刘秀的姐夫邓晨率众投奔刘縯。本来李通还准备混进城中，做刘縯军队内应。哪知他到了棘阳发现，城门上早已经改旗易帜，刘縯竟然不费吹灰之力就将棘阳握于掌中。

李通、邓晨来投，虽然没使刘縯起义军实力大增，但这二人本身非比寻常，又是刘縯的亲朋好友，他们的到来不禁让刘氏兄弟高兴不已。此时的起义军可谓人才济济，刘縯等待多时，终于在这一刻平地而起。他策划已久的计策终于能够得以实行，随即他展开行动准备进攻目标宛城。刘縯传令部队整军三日，之后再传令部队攻击小长安，即棘阳附近的一个富裕的地方。此刻刘縯已经成竹在胸，只要拿下小长安，就立刻挥师北进，向南阳郡的重镇宛城进攻。由此一来，大事可期。

刘縯此刻俨然已经成了骄兵，骄兵必败。殊不知，一股潜藏的危机正徐徐拉开大网，起义军的未来，祸福难料。

所谓潜藏的危机，主要体现在两个方面。一是起义军龙蛇混杂，他们没有远大的政治抱负，眼中只有美女、金钱或者食品衣物，因而军纪不正。同时起义军成员都不是行伍出身，大多是刘氏宗亲。即使是山贼出生的绿林军，也没有经过正规的军事训练，哪里见过雄兵百万、战车千乘的阵仗。一到行军布阵之时，其弊端就显露出来。日子一长，如果是一路顺利倒还问题不大，但一旦遇到重大变故，那便是兵败如山、一溃千里。二是刘縯的军事策略不恰当，他一边四处征战，一边却又拖家带口。而且在其占领的棘阳等地都没有重兵把守，因为刘縯将全部的兵力都抽调出去，以求一鼓作气，收复天下。

在如此疏忽大意、盲目乐观的情况下，刘縯兵锋所向，直指宛城。这日起义军到了小长安，虽然天气昏沉、目力所及，只有百步之内。军中将士以为这次还会向上次一样，不战而屈人之兵，夺取小长安。可他们万万没有料到，贪功冒进历来是兵家之大忌。果然，王莽军守将甄阜、梁丘赐早就在小长安准备妥当、以逸待劳，率领正规军给予起义军迎头痛击。

仓促组建的起义军一见无法取胜，随即乱作一团。刘縯眼见大势已去，也难以掌控局势，稳定军心。片刻之间，起义军阵形大乱，士兵们四散奔窜，各自逃命，全军溃败。刘秀、刘縯的亲人们也在军中，这乱了他们的方寸。刘氏兄弟好不容易救出几人，却已有数十人倒在王莽军刀之下,其中包括刘秀的二姐和三个外甥女、二哥刘仲、养父刘良的妻子和两个儿子。经此一役,刘氏子弟元气大伤。

哪知屋漏偏逢连夜雨,刘縯、刘秀二人都没有想到,一旦遇到失败便到了这样一发不可收拾的境地。当他们正准备率残部赶回棘阳之时,官军已经开始大肆攻伐棘阳。幸好棘阳城中,还有一个可堪大用的刘氏子弟刘祉,在他的奋力拼杀下,才得以保全棘阳,留下一个供刘縯起义军安身立命的地方。

刘縯、刘秀收拾残部奔回棘阳之时,正好看到刘祉在守城,这才惊魂稍定。然而此刻的宛城,却实实在在地成为刘氏宗族的修罗炼狱。南阳郡守甄阜听闻刘氏兄弟率军攻伐宛城,立刻下令将在宛城中搜捕到的春陵刘氏族人全部就地正法。宛城街衢之上,顿时成了刑场,血流成河、尸横遍野。刘祉的母亲、妻子、儿女、弟弟等数十口亲属倒在了甄阜的屠刀之下。春陵宗室的族人数百口也未能幸免于难。刘氏兄弟闻讯,伤痛不已,赶紧收拢残兵败将,闭门自守,再也不轻易出战。经此一役,他们终于明白,要成大事,虽不必有超世之才,却必要有坚韧不拔之志。刘氏兄弟此刻才真正成长起来,具备了问鼎天下的基本素质。

血战昆阳

昆阳即今天河南省叶县,是当时阳郡的一个小城。前文提到,更始元年(23年)三月,刘秀带领本部汉军攻克昆阳。随后,又拿下定陵(今河南叶县东)、郾县(今河南郾城县)诸地。王莽此次率领百万大军,可谓志在必得。

此时的刘縯,则在加紧攻取宛城。在此之前,刘氏兄弟和绿林军众头领就制定了作战计划,这首要的一步,就是攻取宛城。依靠其坚固,退可守、进可攻。继而号令天下,江山一统。自五月以来,刘縯就率领数万军队日夜对宛城进行强攻,可是由于事前宛城将士一直负隅顽抗,使城墙外敌我士兵的尸体堆积如山,却还是没能攻克它。双方都得到王莽军队即将来此增援，此消彼长之下，刘縯所部士气大挫，反之宛城守军则表现得更为英勇。

前有十丈坚城，后有百万敌军，腹背受敌的刘縯起义军，此刻在心理上承受着巨大的压力。为今之计，只有一途可以拯救岌岌可危的刘縯，那就是扼守昆阳，缠住王莽大军主力，为汉军主力夺取宛城争取时间。只要起义军能够夺下宛城，就能凭借坚固城池，和王莽一争雌雄。

而此刻，昆阳城只有区区九千人马，面对号称百万大军的王莽，又能够支撑多久呢？自古狭路相逢勇者胜，刘縯此刻也顾不得许多了。他只能孤注一掷，全力进攻宛城，务必在昆阳城破之前拿下宛城。

五月中旬，王寻、王邑率领大军到达颍川郡的郡治阳翟，距离昆阳仅有一百多里路程。不久，王寻、王邑便与新莽守将严尤、陈茂会合。在新莽诸将之中，严尤是一个具有远见卓识的将领。他观察了战场局势，向主将之一的大司空王邑建议说："昆阳城小而坚，今假号者在宛，亟进大兵，彼必奔走。宛败，昆阳自服。"他献计让王邑将主要兵力集中以攻打宛城的刘縯军队，这样就可以造成前后合围之势。严尤此计可谓釜底抽薪的绝招，再辅以王邑数十万军队，几乎就是必胜之局。只可惜，王邑一介莽夫，而且心胸狭窄，目光短浅，听严尤计策，不止不应允，还信誓旦旦地说道："前年，我以虎牙将军的身份奉命讨伐翟义，将其杀死，而且平定了叛乱。然而，没有活捉翟义，便使我被圣上严词责问，差点被治罪。现在我带领着如此雄壮的大军进攻昆阳这么一个小城，如果都不能攻克，我何以向圣上解释呢？"

随即，王邑下令前锋部队全力进攻昆阳。

此刻，戍守昆阳城的刘秀为了有效拦截王莽军队，从城中抽调数千兵力前去城外一出关口阻击他们，城中将领对其不全力守卫昆阳，而去数十里外的关口堵截的做法很不理解。刘秀向其中的一些将领解释道，王莽的部队只有先锋到了昆阳城下，如果我军固守昆阳，那么他们很快就会对昆阳造成合围之势，而且会知晓城中的兵力有多少，那样昆阳就危险了。如果我军能够在半路上拦住他，不仅能够有效地延缓他进攻昆阳的步伐，也能够让他摸不清我们具体的兵力有多少。而且此地是一个易守难攻的地方，并能作为城中军队的前哨，形成内外呼应之势，于我军有很大的优势。众将领闻言，深感有理，遂决定采取刘秀这一条妙计。

当王寻大兵压境、旌旗漫天之时，昆阳城外众将一个个恐惧不已，他们见王寻、王邑的兵力强大，还未交锋便掉头逃跑。奔回昆阳的将士内心更是惶恐不安地惦念着妻室家小，打算分散返回各自的城邑。

刘秀见此情况，知晓如果任凭它发展下去，那自己的这支起义军就会不攻自破，不仅会守不住阳关，丢了昆阳，更会连累进攻宛城的兄弟军队全军覆没，于是急忙提议说："现在我们的兵马粮草已经很少，而外敌强大，如今合则赢，不合则败。只要我们能团结起来守住昆阳，就能等到援军，否则所有人都是死路一条。现在如果不同心同德共谋大事，命都保不住，更何况是妻儿和财产？"众将闻言，无不大怒，其中一人语气严厉地说道："刘将军怎么敢这样说话？这不是陷我于不仁不义的境地吗？"刘秀知晓他们其实已经被自己的言语打动，于是，笑着站起，从容不迫地让大家少安毋躁。

恰巧这时派出的侦察骑兵返回，告知刘秀敌兵大队人马已到城北。众将急忙对刘秀怎么办。刘秀毫不惊慌，而是为大家铺展开一幅幅关于成败的预测图景。大家也拿不定主意，只好跟着附和了两句。

这时的昆阳城中仅仅只有军队八九千人，刘秀害怕守不住城池，误了全军大计，于是派遣成国上公王凤、廷尉大将军王常留守城中，自己与骠骑大将军宗佻、五威将军李轶等13人骑马趁着晚上冲出昆阳城南门，到外面去调集兵力。

当时王莽的先锋军队到达城下的有近10万人，与刘秀军队相比，昆阳城中守军的十倍之多，刘秀虽然作战骁勇，却很难冲出敌人固若金汤的包围圈。因此，只能采取"明修栈道、暗度陈仓"之计。用城中军队在城上擂动军鼓，让敌人误以为城中守军会出城接受挑战。自己的 13 人自从小路中逃出生天。

13 人每次遇见敌人，都只会躲避而不会交战，可谓谨慎小心之至，所以这一路也还比较顺利。到了郾、定陵之后，刘秀调拨各营全部兵力前去援助昆阳，但是众将贪惜财物，打算分出部分兵力留守。如此目光短浅，怎么能够成就大事，这对任何一个有点见识的人而言，都是难以忍受的。

刘秀果然非比寻常，他不但没有半分生气，还劝慰大家不要为了一点小财就失了本性，人生中的大财还有很多，以后大业办成，少不了金银财宝。众人见他如此一说，心中羞愧难当，亦对刘秀的见识十分佩服，于是一一整装待发，听从刘秀的指挥。

王邑一心要攻克昆阳，谋士严尤为了让王邑改变策略，先去围攻正在攻打宛城的刘縯军队。可严尤几次三番不惜性命向王邑进言，都没有结果，王邑知晓严尤在军中很有德威，因此自己也不能责罚于他。严尤之言，不但没有收到自己预料的结果，反而更加坚定了王邑攻取昆阳的决心。

为了尽快攻下昆阳，王邑派兵将昆阳城重重包围，升起云车从上面俯视昆阳城中，其部队更是旌旗布满原野，钟鼓之声传出数百里以外。一时间，昆阳城外杀声震天。

眼见昆阳城就要守不住了，王凤等人知道一旦城破，必定是鸡犬不留的结局。为求自保，王凤只能试图向王寻乞降，哪知王寻、王邑二人心中早就有了计划，心想这昆阳城眼看已经成了自己的囊中之物。如果是依靠敌人投降才攻下昆阳的话，一者不能泄及攻不下之愤，二者则是不能显示自己军士的雄壮威武，大大地失了自己的面子。因而，对于王凤的乞降，王邑、王寻不过是一笑置之，并让使者带回去一句话，让王凤洗净了脖子等着大军来砍杀。

严尤闻讯，急忙赶到中军大帐，想要阻止王邑的做法，哪知等他到了王邑大帐所在，使者早就被轰走了。只能看到王寻、王邑以为胜利就在顷刻之间，得意扬扬、不可一世的样子。

这年六月己卯日，刘秀便和召集来的队伍一起向前方推进，他率领一千多步兵和骑兵进军到距离王莽的军队有四五里的地方扎营列阵。王寻、王邑也派出数千人马迎战。

为了鼓舞士气，刘秀率一个小分队冲入敌军杀了一个回合，剿灭敌人数十余。众将眼见刘秀如此英勇，王莽军队却如此不堪一击，不禁又惊又喜。刘秀知道众将军看见自己作战骁勇，兵锋所向如入无人之境，必定前来助战，遂率领军队向前，不顾一切地奋力冲杀，王寻、王邑的军队向后退去，各部人马一齐乘胜追击，斩下成百上千敌人的首级。

刘秀乘胜追击，连连取得胜利，于是军队向前推进，而敌人则不断后退。所谓"兵败如山倒"，大概就是眼前的这个样子。

这时刘縯攻占宛城已经三天了，而刘秀一心与敌人交战，对这一鼓舞人心的消息还不知道。为了尽快取得战争的胜利，刘秀便想出了一条攻心之计。他让人装扮成刘縯的人，从宛城方向来到昆阳，报信说"宛城之下，城门已破。敌军溃败之下，或降或逃，此番大胜，军威大振，不日援兵必到"，又让送信的人故意把信失落了。

王寻、王邑得到了信，知道了这个消息，心中很不高兴，特别是现在义军众将已经取得了多次胜利，胆量更加壮大，无不以一当十。如此下去，自己一方虽然有百万大军，却难以经得起消磨，最终士气一堕，大军虽然人数众多，却都会变成一只只待宰的绵羊。

刘秀将信传到王邑之处，见他们寨门紧闭，高挂免战牌，就知道此番自己的计策已经取得了成功。遂他率领三千不怕死的勇士，从城西渡水冲击敌军最精锐的中坚，王寻、王邑的军阵一见敌人如此英勇，心中胆怯，马上就开始混乱起来。刘秀乘着锐不可当之势，率军队摧毁了敌阵，从而杀死了王寻。

城中的义军也击鼓呼喊，一时间呼声震天动地，王莽的军队大败，纷纷逃跑。就在这时，天空电闪雷鸣，大雨倾盆而下，滍川河水大泛滥，战败的王莽部队抢着渡河，结果不少人被挤进了河里，淹死的人数以万计，尸首堆积在河中几乎堵塞了河流。王邑、严尤、陈茂等王莽军大将眼见大势已去、无力回天，只能轻装骑马踏着死尸渡水逃走。

战罢，刘秀缴获了王莽军队的全部粮草和辎重，车辆盔甲和珍宝，多得数不清，一些消化不了的物资只好放火烧掉，以防被别人利用。

昆阳之战后，新莽王朝的主力精锐部队几乎被全部歼灭。至此，新莽王朝犹如冢中枯骨，日薄西山，其覆灭已成定局。所谓"一鼓作气，再而衰，三而竭"，刘秀趁着敌人打败，乘胜追击，不久便率军攻下了荥阳县。

第三章
天下再复一统

刘秀得陇望蜀

地皇四年（23年），以刘玄为首的起义军攻陷固若金汤的常安（新王朝把长安改称常安）。王莽在混乱中被杀。历经多年的东征西讨、南征北战，刘秀已经基本上统一了中国的东方，与西南巴蜀的公孙述、西北陇右的隗嚣形成了三足鼎立之势。河西大将军窦融，自建武五年（29年）开始，眼看刘秀席卷天下、包举宇内、囊括四海、并吞八荒，虽然偶有挫败，但总的行事看来，他的大军几乎一路所向无敌，刘秀更让征西大将军冯异多次与窦融接洽，窦融深刻地感受到，光武帝刘秀，雄才大略，千古罕见，因此对天下大势有了看法，于是向光武帝派遣使者朝贡，承认刘秀的正统地位。

兵法有云"上兵伐谋"，刘秀一直谋取能够在陇西和蜀中，不动刀兵便能够实现统一天下的功名大业。其实，刘秀大军和隗嚣在历史上曾经有过两次比较成功的合作,一者是击败赤眉军樊崇残部(诚然,那一次是隗嚣大军的被动防御),二者就是后来对陈仓人吕鲔的联手攻击。当时吕鲔拥众数万,接连西蜀公孙述,欲要进攻关中,经过双方的接洽商议,隗嚣决意派兵,会同冯异一起向其进攻,最终将其击败。

刘秀感念隗嚣为人高义,认为他是可以晓之以理、动之以情的,只要兵不血刃的收复了隗嚣,则蜀中不过是囚笼之地,天下一统唾手可得。于是,刘秀给隗嚣写了一封信,他以周文王比喻隗嚣,认为文王当时虽然三分天下已得其二,但仍然将殷商视作自己的主子,而今日之隗嚣即有昔日文王之风范,刘秀此意,可谓"司马昭之心、路人皆知"。他自然是希望隗嚣也能效法文王,扶助刘家汉室。

当此之时,公孙述也早就称帝,他也是聪明之人,早就暗怀君王之志,知道要夺取天下,一定不能让刘秀将隗嚣拉拢,如果自己能够寻求到隗嚣的帮助,他日图谋中原之时,就能够凭借陇右的地理优势,居高临下,一路势如破竹。

于是,公孙述急忙派遣使册封隗嚣为扶安王,一时之间,隗嚣成了天下最为炙手可热的人,他当然不会贸然答应公孙述的册封,因为他心中想的是,自己既然是两边都需要的人,大可以坐地起价、待价而沽。公孙述闻讯,当即大怒,听闻前面刘秀已经派人前来拉拢隗嚣,公孙述担心,他会不会已经暗自投奔了刘秀?无论如何,夺取关中,保证陇右,才能够为自己攻打刘秀奠定第一步。计议一定,公孙述便自益州出兵北上,兵锋所向,直取关中,可惜此次出击,隗嚣早就洞悉了公孙述的意图,隗嚣以逸待劳,以强大骑兵杀向公孙述,将其大败。

公孙述刚刚遭逢大败,东汉在关中的将帅冯异认为,当前公孙述所部定然士气衰弱,要平定西川,占据蜀中,此刻正是天赐良机,于是,冯异上书光武言蜀地可击,刘秀将邓禹(刘秀并没有处置其兵败之罪。)等人招来,计议之下,他们认为,当前三足鼎立之势必定不可能长久,汉军只要趋狼搏虎,就可以坐收渔利。

于是,刘秀将上书给了隗嚣,要求隗嚣发兵讨伐西蜀的公孙述。

隗嚣何等聪明，自然知晓刘秀的意图，于是，隗嚣上书言力量不足，且卢芳尽在北边，不宜用兵。刘秀看出了隗嚣的真正用意乃是欲持两端，不愿天下统一，刘秀对隗嚣的态度逐渐开始了变化，认为他并不是和传言的那样，以义气为重。因而复兴汉室的重任，很难依靠到他的力量，此时此刻，刘秀心中其实已经对其动了动武的念头。如果要讨伐公孙述，刘秀只有两条路可以走，一是从荆州出发，水旱并进，然而刘秀长期在北方征战，对于水军的训练自然很少，蜀道难，此一途就只能作罢；二是从汉中之地，长驱直入蜀中。但却要借助隗嚣的地盘才得以通过，目前还不太成熟。因此，讨伐公孙述之事，只能暂时搁下。

当然，公孙述也明了天下大势，他知道隗嚣的想法，是想做那墙头草，哪边强便朝哪边倒。当年汉高祖西出蜀中，夺取天下之时，便采取了一个著名的策略：明修栈道、暗度陈仓。其实共公孙述在北方开展的一系列政治攻势的同时，亦在南边开始厉兵秣马，整军备战，图谋荆州。这个当初汉高祖的计策有异曲同工之妙，只可惜刘秀非楚霸王，公孙述的计策，他早就有所察觉。

恰如刘秀所料，不久，公孙述的大军进犯荆州的南郡，妄图借荆州北进，夺取天下。

此时的刘秀，还没有彻底放弃隗嚣，他急忙下诏令隗嚣从天水伐蜀，以调动公孙述军回援，哪知隗嚣依然不为所动，并婉言拒绝。由此看来，这隗嚣无论如何终不能为刘秀所用，于是，刘秀和众将决定，准备先攻伐陇右，获取这一夺取西川蜀中的关键所在。

建武六年（30年）四月，刘秀率部来到长安，与建威大将军耿弇等七将军等人合兵一处，并命令他们借陇道伐蜀，实则最后试探隗嚣的心意。隗嚣见数十万汉军齐聚长安，并向自己借道伐蜀，顿时明白这不过是刘秀的"假途灭虢"之策，名为伐蜀，实则为夺取陇右而来，隗嚣当然不会束手待毙，遂直接和刘秀撕破脸皮，派遣大将王元据陇坻，伐木塞道，以阻汉军。

第三卷　帝国没落，满腔柔情失江山◇

　　双方大军在陇坻展开激战，汉军因为受到地形的限制，最终大败而还，退出陇坻，隗嚣部将从后穷追猛打，汉军一路败退，惊慌失措之下，大量粮草辎重被夺取。汉军幸得马武断后，才得以将大部退下陇坻，免于全军覆没的结果。刘秀本以为，以长安的势力，要灭除隗嚣应该不是难事，遂率随从返回京师洛阳，坐镇指挥。哪知不久，汉军大败的消息就传到刘秀耳中。刘秀当机立断的令冯异、耿弇、吴汉等七部汉军再次部署，构成掎角之势，力保关中。

　　隗嚣部将挟陇坻大胜之威，挥师东进，欲进取关中的要地恂邑，恂邑为关中门户所在，历来为兵家必争之地。幸得冯异急速抢占恂邑，并击退了陇右军马。隗嚣见汉军有名将强兵前来支援，自知难以扩大战果，于是就此收兵。通过此次战役，刘秀认识到隗嚣部将的强悍；同时，隗嚣更深刻地认识到，如今刘秀可谓树大根深，属下能人异士无数，以自己的实力，要彻底的击败刘秀，实在是难比登天。于是，隗嚣再次上书刘秀，婉言表明自己的苦衷，刘秀知道此刻的隗嚣依然还在借用托词，遂回复隗嚣道："今若束手，复遣恂弟归阙庭者，则爵禄获全，有浩大之福矣。吾年垂四十，在兵中十岁，厌浮语虚辞。即不欲，勿报。"意思即使说，如果隗嚣归汉，则功名利禄可得，否则就不必多说了。隗嚣见此，知道自己难以与刘秀并存于世，遂遣使向西蜀公孙述称臣，公孙述遂封其为朔宁王。

　　此后，双方互有攻伐，总的来说，汉军一直占据着战争的主动权，建武六年（30年）冬，汉军在冯异的带领下，攻克了陇右要地略阳。建武八年（32年），双方又再次大战于略阳，为了夺回这一要地，隗嚣亲率数万大军攻城，汉军凭借坚固的城池，率部死守。眼看此一战，战局逐渐扩大，俨然成了决定陇右归属的关键战役。于是，刘秀亲临长安，以指挥平陇作战。

　　恰在此时，窦融部率步骑数万大军归汉，汉军兵不血刃便拥有了河西五郡，此地战略位置极为重要，与长安方面的汉军联合出击，便对陇右构成了东西夹击之势。刹那间，陇右诸将闻刘秀大军之名，心惊胆战，他们知道，汉军就要全面控制陇右地区了，为了将来有一个出路，许多将领或明或暗的投降归汉，使隗嚣的局势更加恶化，无奈之下，只得放弃略阳，退守西城（今甘肃天水西南）。

当此之时，洛阳附近的郡县，由于官吏腐败、民不聊生，便发生了民变，洛阳可是京师重地，关乎王朝的兴衰，而刘秀为了西征，朝中有能耐的文臣武将几乎倾巢而出。为了稳定洛阳的局面，刘秀不得不星夜兼程、东归洛阳，临行时，刘秀依然对陇右的局势不放心，对岑彭说道"两城若下，便可将兵南击蜀虏。人苦不知足，既平陇，复望蜀。每一发兵，头须为白"，这就是"得陇望蜀"的典故。

汉军在刘秀走后，坚持进攻的态势，不久便围住了西城，将隗嚣困在其中，成了瓮中之鳖。眼看汉军胜券在握，却不料西城将士一直坚守不出，加上里面粮草充足，足以坚持半年之久，致使汉军久攻不下。数月之后，陇右大将行巡、王元、周宗等将领率5000余人来此救援，乘高卒至，击鼓大呼："我军百万雄师即将来临啦！"

汉军猝不及防，未料到西蜀救兵会突至，一时之间，阵脚大乱，王元等人浴血奋战，最终护卫隗嚣突围出了西城。经过长时间的拉锯战，汉军虽没有一鼓作气拿下陇右，却使隗嚣的人马与粮草损失极重，难以支持。建武九年（33年）春，隗嚣在忧愤中死去，其子无能，陇右局势江河日下，刘秀为了一举拿下陇右，再次亲临陇右一线，指挥平陇作战，这年十月，耿弇诸将很快就攻破落门，陇右诸将与隗嚣之子隗纯见大势已去，只能率部出降，自此，陇右成为刘秀攻取蜀中的重要平台，天下诸侯，只有公孙述上能够给予刘秀一些威胁。

南北夹击

从建武九年（33年）到建武十一年（35年），刘秀一直在训练自己的水军，前番多次进攻荆门失败，都是因为水军上敌不过蜀中军队。经过两年的训练，汉军水兵人人磨刀霍霍，士气大胜，准备在接下来对蜀中的进军中，实现自己的功名大业。这些年，蜀中也没有闲着，势力不断壮大,刘秀在彻底地稳固后方之后,终于觉察到时机已经成熟,便决意对蜀中用兵,实现一统天下的宏图伟业。

其中,任命大将岑彭和来歙分别从南、北两个方向大举伐蜀。北部可以凭借汉中、西凉、陇右等地的地形优势,只要能够突破川蜀的关卡,就能够长驱直入,直达蜀中首府益州。经过前番几次攻伐荆门蜀中军队的失败,岑彭也从中总结以往的一些教训,开始进攻荆门。关于这一战,历史上曾被重点描述,当时公孙述的军队在三峡下游架一座横贯长江并有军事塔楼的浮桥,浮桥与长江两岸的要塞相连。建武十一年(35年)四月末,汉的水师开始对荆门发起进攻,并借东风之助逆流而上驶向浮桥。汉军战船上面早就布置了巨大的火炬,本来蜀中军以为自己这一战应该是胜券在握的,岂料敌人竟然一者借风,二者借火,将浮桥迅速点燃,浮桥着火倒坍,溺死者数千人,蜀中军队沿江两岸的军事要塞变成孤立无援、首尾难顾的所在,猝不及防之下,蜀中军队顿时乱了手脚。汉军终于一鼓作气,打通了由荆门入蜀中的水路。然而蜀道难、难于上青天,蜀中军队边打边退,更是在一路上尽力毁去为了东征而修筑的道路。公孙述哪里料到,昔日为了成就统一天下的皇图霸业所修建的道路,此刻竟然成了汉军灭亡自己的捷径。幸好蜀中军队在守卫之上很有经验,才堪堪延缓了汉军的进攻。

屋漏偏逢连夜雨,就在蜀中军队和汉军出于胶着状态之时,汉军早就着手准备的撒手锏发挥了效用。早在进攻荆门之前,汉军就了解到,川蜀将领之中,王政与大司徒任满素有嫌隙,而且王政此人也是颇有见识之人,看出天下大势的主动权其实一直都掌握在刘秀的手中。无论是军事实力,政治地位以及这么多年所体现出来的刘秀的治国才能,公孙述都要略逊一筹。于是,汉军中派遣说客前来,悄悄地与王政接洽,王政当即同意了汉军的建议,答应在汉军攻伐荆门之时做汉军的内应,为了表示自己的诚意,王政还献计用火攻烧毁浮桥。当汉军和蜀中军队正在血战之时,早就埋藏在大司徒任满身边的王政终于动手了,他趁大司徒任满调集亲兵前去御敌的机会,率领自己的部下,毫不犹豫地抓住任满，并顺势将其斩杀，随即向汉军挥舞白旗致意。蜀中军队在田戎的带领下，向西败退到江州。

岑彭等来到江州后，才发现江州城池竟然在蜀中军队的加固之下，原来就有三丈高的城墙，更加加高了几尺，而城外的护城河也挖得特别深，如此，即使汉军能够攻下江州，凭借江州的哀兵，实在是胜负难料，即使是胜利，也一定是杀敌一千、自损八百的惨胜。于是，岑彭决意转攻平曲，蜀中在江州的兵力，本来以为汉军会一鼓作气向江州，遂率领三万军队前来援助，岂料汉军会转而攻伐平曲，平曲虽然是蜀中军队的战略物资储备地，但其兵力多被抽调到江州等地布防，霎时之间，蜀中军队大败，汉军光从蜀中军那里夺取的粮食就有数十万石。

花开两朵，各表一枝，此刻北边也是一片风声鹤唳。自从全歼了隗氏集团、收取了凉州十郡以后，中郎将来歙、太中大夫马援为主、副将的陇右汉军便开始积极稳定陇右地区，同时时刻准备攻入西川。建武十一年（35年）夏初，凉州地界的先零羌发动叛乱，进犯临洮。来歙向朝廷举荐马援为陇西太守，坐镇狄道县，专职负责防御工作。马援到任之后，不负众望，奋击来犯之敌，不久便大破先零羌，陇右西部逐步得到了安定。马援走后，南征巴蜀事宜则由来歙本人全权负责。岑彭在南线不断进攻的同时，刘秀给陇右汉军下了一到圣旨，令来歙为主将，虎牙大将军盖延、扬武将军马成为副将，率领陇右汉军主力十余万，取道西汉水谷地南下攻击公孙述的北线防区。汉军遂正式实现了南北两路经过西川的战略意图。

公孙述此时已经南北不能兼顾，他见岑彭的南路大军攻克了平曲，急忙收缩兵力，令延岑、王元与其弟公孙恢率领重兵据守广汉及资中，又遣侯丹率两万余人据黄石（今四川涪陵东北）。岑彭见势，多张疑兵，令臧宫等从涪水上平曲，以牵制延岑等蜀将，自己则分兵顺江而下还江州，然后溯都江而上，攻袭蜀将侯丹部，大破之。此后，公孙述所在大殿之内，就不断传来前方的败报。岑彭在大败候丹部之后，日夜赶路，迅速向西行了2000余里地。又叫精骑奔向广都，离成都有数十里之远，此后蜀地便是一马平川，蜀中军队再也无险可守。随即，岑彭分兵绕道前行两千余里地，以天降神兵的威势出现在武阳，不久便攻克武阳。

此时此刻，岑彭的前锋骑兵到了广都，距蜀中首府益州不过数十里。其实，公孙述早就在思考，需要防止岑彭的军队入川，无论如何也要将他阻击在广汉城外，遂令延岑等率蜀军主力屯于广汉，旨在堵截岑彭的南路汉军，谁知岑彭的兵马竟绕出延岑军后，如天兵天将一般，突然就出现在公孙述面前，迅速逼近成都，刹那间，蜀地心胆俱裂，公孙述大怒于形，用手杖往地上狠狠地一敲，大喝道："何方神圣来撒野！"

岑彭奇袭成都，与来歙当年偷袭略阳，有异曲同工之妙，然而，岑彭的这次突袭要比来歙当年远得多，他从江州出发，水陆并进，一路上用了若干计策来迷惑敌人，让他们猜不透自己的战略意图。大军左奔右突，一连奔驰2000余里，如此长距离的奔袭，在中国战争史上是非常罕见的。前有来歙奇袭略阳，后有岑彭奇袭成都。两位军事奇才都不约而同地采用了"黑虎掏心"之计，分别将隗嚣、公孙述的防御体系打得土崩瓦解，成为汉军一统天下最后两步的重要转折点。如此用兵如神，真让人叹为观止，拍案叫绝！

最后一战定江山

可叹天要亡蜀，为之奈何？一颗螺丝钉改变一场战争的传奇就在此刻的汉军中上演。这颗微不足道的"螺丝钉"就是蜀郡太守张堪。

恰逢刘秀派遣张堪押运粮草和七千匹战马输送至前线，同时张堪"说述必败，不宜退师之策，当今天下一统已然成了定局，将军切不可以因噎废食，误了大好时机，此次不灭公孙述，蜀中势力定然会死灰复燃，他日再图四海混一，劳民伤财不说，更是胜负难料"。吴汉闻言，深感羞愧，遂决意与公孙述大军周旋到底，不彻底平定蜀中，誓不罢休。

吴汉虽然得到了战略补充，却和往日不一样，冒险进军了。这一次，他是真正地汲取了连续败仗的教训。不日，吴汉正在苦思破敌良策，突然，《孙子兵法》上的一席话映入了他的脑海："兵者，诡道也。故能而示之不能，用而示之不用，近而示之远，远而示之近。利而诱之，乱而取之，实而备之，强而避之，怒而挠之，卑而骄之，佚而劳之，亲而离之。攻其无备，出其不意。此兵家之胜，不可先传也。"

吴汉当即大喜，决定"阴"公孙述一把，令弱兵前往挑战，而将精骑隐于后。公孙述出兵，自然轻易得胜，公孙述发现，汉军此役竟然全部是老弱残兵，他不疑有它，认为吴汉已经无兵可派遣，便认为破敌之时已到，遂令延岑领一军攻打臧宫，亲率数万大军出战吴汉，延岑与臧宫交战，三战三胜。

与此同时，公孙述这边与吴汉大战，"自旦及日中，军士不得食，并疲"。吴汉等的就是这个时候，他终于可以派出自己的"后手"，刹那之间，只见高午、唐邯率数万精锐迅速杀出，冲击敌阵，蜀军见突然一支精兵杀来，顿时乱了手脚。哪知吴汉早就领略了公孙述为达目的、不择手段的作为，深恶痛绝之余，也信手拈来学了几招：那就是派遣勇士于百万大军中取上将首级。这个勇士就是高午，趁双方相战正酣之时，高午冲入敌阵，直刺公孙述，正中其前胸，公孙述受伤坠马，手下看见，不顾一切地阻止汉军的继续攻杀，将公孙述救回城中。

自此，公孙述一蹶不振，将成都兵马悉数交予延岑，要他相机行事，当夜，公孙述死于成都皇宫。蜀帝身亡，延岑知道蜀中军队再也无力回天了。

建武十二年（36年）十一月十八日清晨，延岑带着残部在成都城头竖起白幡，大开城门向汉军投降。吴汉入城之后，依然没有放过延岑，在成都城内大举屠城，刹那间成都城内血流成河、尸堆如山，兴亡不论，最苦的还是天下的平民百姓。

历时十二年之久的西帝公孙述，终落得了一个身死国灭的下场。

无论如何，四分五裂、战火连年的古老中国，终于再次归于一统，这是刘秀最值得肯定的地方，他也因此成了全中国真正的主宰，开始了延绵200多年的东汉皇朝的统治。

第四章

妙计安天下，得了江山得民心

汉明帝初露锋芒

征讨途中，中军帐前。

眼看到万千兵勇，军威凌厉如一柄锐利的尖刀；耳听到百里疆场，马嘶鼓震，惊得这如画江山乍起乍沉。众将士得主帅令，可在大军开拔之前仰天呐喊三声，一者是为龙子降世，二者则为阴丽华平安，三者则为君臣同庆，四者可为鼓舞士气。这位龙子就是日后的汉明帝刘庄。

斗转星移，牵扯日升月落；朝花夕拾，演变生生不息。弹指之间，天下已定。洛阳城中，一片歌舞升平、繁华鼎盛。可此时的长乐宫中，却是一派肃杀气象。光武帝刘秀巍然立于朝堂之上，座下群臣股肱战栗、脸色变换，唯恐一个不慎，无功不说，反误了身家性命。

历代开国皇帝多是精力过人之辈，刘秀也是如此，他对上交的各类文书无不逐一仔细查看。前些日子，刘秀下令"度田"，所谓"度田"，就是诏令天下州郡清查田亩及户口，这是战火之后新政府的必然举措，也是增加赋税的手段。这批吏牍即是各地"度田"后呈上来的报告。当他翻阅陈留县的吏牍时，这样一句话映入他的眼帘："颍川、弘农可问，河南、南阳不可问。"刘秀有些莫名其妙，但并没有马上表露出来，而是下议于百官。庙堂之高虽可接九天之上，但未必代代皆有经世致用之才，因而刘秀之疑问，亦是百官之狐惑。半响过后，群臣无一人可说上一二，刘秀转眼望向其子刘庄。一时之间，大家的目光也都集中到了刘庄身上。

刘庄却不慌不忙，一副胸有成竹之相。他拜过刘秀之后，缓缓说道："河南是首都所在，朝中高官都住在这里；南阳是陛下的故乡，陛下的亲戚大多居于此地。因此对这两个地方的田亩数字，负责检查的官员们当然不敢多问。"说罢，群臣为之侧目，刘秀恍然大悟，心中甚是欣悦，为一个十几岁的孩童有如斯锐利眼光而惊叹。经此一事，刘庄可谓是初露锋芒，也让刘秀废长立幼的想法更加坚定。

建武十九年（43年），单臣、傅镇率众造反，攻占了原武城，引得刘秀大怒，于是派太中大夫臧宫前去围剿，然而由于对方准备充足，原武城久围不下，故此刘秀召集众臣商议对策。太子刘彊首先建议以加官晋爵、赏金封侯的方式激励将士攻城，群臣也大多附议，只有刘庄低首不言、暗自摇头。刘秀见状，询问道："阳儿（刘庄）为何摇头，可是心中已有定计？"刘庄并没有直接说出自己的想法，只淡淡道："一筷可断，百筷难折。"皇上和百官都知道他有话说，静静地等待，没有打断他。果然刘庄再次进言，力主不要围城太紧、太急，可以引诱贼人突围，然后分而歼灭之，这样以区区一个亭长就能对付了他们。皇上听罢，拍案叫绝，命将士依计而行。结果一如刘庄所料，叛贼分散突围后被一一平定消灭。

此外，据历史记载，刘庄在10岁之时便已经通晓《春秋》，闻达于朝野内外。刘庄能有如此表现，并非偶然，这一方面是由于他从小师从经学大师桓荣，可谓名师出高徒；另一方面则是由于他较早地在刘秀身边观察和学习政务活动，增加了自己的才干。当然，这与其天赋也必有一定关系。但是，真正聪明的人是不会让人知道他的聪明的，特别是在充满血雨腥风的皇室内部，因为那势必引起政敌的妒忌甚至是仇恨。除非你的实力足够强大，能够做到有恃无恐，叫敌人徒唤奈何。

当时，正处于当时女性权力巅峰的皇后郭氏，是阻挡刘庄登上太子位的最大绊脚石。刘彊是郭氏所生，为光武帝刘秀之长子，顺理成章地被册立为太子。但他从小缺乏适当的锻炼，逐渐养成懦弱怕事的性子，兼之他胸无大志，不像刘庄那样"积极备战"，所以争位之事，几乎全部仰仗其母亲郭氏。

郭氏深知刘秀十分倾心阴丽华，自己虽然贵为皇后，母仪天下，但在光武帝眼中的地位，却难以企及阴丽华之万一。同时，阴丽华之子刘庄近年来所表现出的才智，也非自己的儿子刘彊所及。是故郭氏只能寻求娘家的帮助。郭家乃是世家大族，郭氏的外祖父就是著名的定恭王，刘秀成就霸业之前，要极力仰仗他，所以才立郭氏为皇后。兼且初时阴丽华无子，刘彊也就以嫡长子的身份入主东宫。郭氏为让刘彊坐稳太子位，可谓煞费苦心。可是方法用尽，依然挡不住刘庄母子逼来的脚步，她无计可施，竟然当面讽刺刘秀和阴丽华，叫刘秀对她彻底死心。此一时、彼一时，君临天下的刘秀再也不需要郭家的助力，当他决定废除刘彊时，世上再无一人能够改变这结果。

大权在握指点江山

建武中元二年（57年），原陵。

四野一片白色，举目全是哀声。在这原陵之上，庄严肃穆，悲凉如风。原陵又名汉陵（今洛阳市北20公里处的孟津白鹤乡）。俗称"刘秀坟"，顾名思义，就是汉光武帝刘秀死后的陵寝。此前二月，东汉的开国皇帝刘秀驾崩，举国上下一起为这一位英主致哀。

刘庄携百官一道，为先皇守孝，夏四月丙辰日，刘庄开始颁布其继位以后的第一纸诏令，基本内容有以下几点：

一、表谦虚谨慎之意。刘庄自称为年轻晚辈，遵照旨意继承汉之大业，因此每日从早到晚都惊恐不安，不敢荒疏懈怠贪求安逸。他承担国家命运，继续奉行先帝的体制而以文德治理国家，有如不知种庄稼的艰难，唯恐出现失误。而先帝之恩德普照天下，其德行能与古代的圣帝明王等同，协和万邦之众，达上通下，恭敬地祭祀百神，施恩惠给鳏寡之人。

二、谋求公卿大夫百官乃至天下百姓之助力。为此，刘庄不惜大肆赏赐天下众人。同时大赦天下，曾经的罪犯都被放出，曾经因为战乱被掳掠的妇女重新获得自由。一部分被贬官吏还能够官复原职，赏赐金银。封侯拜将，如拜邓禹为太傅，刘苍为骠骑将军。又如封赵熹为节乡侯，李䜣为安乡侯，冯鲂为杨邑侯。

三、完成先皇丧葬事宜。派太尉赵熹在南郊祭天告知先帝的谥号，派司徒李欣安放先皇棺木，派司空冯纺率领五校兵士负责覆盖黄土为坟事宜。

他向天下明言，如今上无天子，下无诸侯首领，犹如要渡过湍深的河流却没有船和桨。帝王之位责任重大，而自己年轻，才疏学浅，确实需要有贤德的人来辅佐帮助自己。

刘庄不可谓不高明，在他即位之后，充分地分析了天下大势和国家局势，并结合了百姓和文武众臣的考量，不失时机地颁布了这一纸诏令，此诏令一出，立刻引起了巨大而积极的反响，使朝野内外，文武同德，上下一心。

政局交替时的国家，终于稳定下来。一时间，汉朝不仅在战争中取得了一些胜利，同时以轻徭薄赋为核心的各项政策也相继出台。

第五章

灵帝无道，汉室衰微

宦官之乱

自从东汉章帝之后，汉朝便朝着一个不可挽回的结局欣然迈步。苟延残喘的东汉，能够在这样的一个时局中支持起来，主要还是依靠着外戚中如邓太后、梁太后等优秀人物给这个行将就木的政权注入一剂良药。刘氏衰微，为了维持汉帝国的统治，便一直上演着一个使人感慨的单调场景，第一批新贵靠女人的关系煊赫上台，昂首阔步，不可一世，不久全被拖到刑场被杀掉。第二批新贵也靠女人的关系煊赫上台，昂首阔步，不可一世，不久也全被拖到刑场，也都被杀掉。以后第三批、第四批、第五批，陆陆续续，让人眼花缭乱。外戚中的这些非常聪明的才智之士，如窦宪，不可能对于汉朝的衰微毫无警觉，他们的存在不过是历史的一个过客，终究挽回不了大局。但权力的迷惑太大，使他们自以为可以控制局势。

直到宦官专权，士大夫阶级的逐渐崛起，这种皇权和外戚之权的争斗才变换成另一种形势，要么结盟，要么刀兵相见。其实士大夫比宦官执掌大权的时间更久远，但却很难联合起来。而宦官则因为具有共同的志趣，靠近桓帝，身居后宫，而具备一定的天时地利。自桓帝刘志开始，宦官便积极参与皇朝大权的争夺，在这一过程中，宦官也以正式官员的身份而得以嚣张禁苑、跋扈朝野。此外，他们的亲友也跟着鸡犬升天。这些新贵跟宦官一样，除了贪污和弄权外，什么本事也没有。外戚中还有很多制约，而宦官则限于皇宫内部，很少私自出宫，因而这些新贵比外戚和宦官当权所表现的还要恶劣。士大夫阶层因此受到更重大的伤害，限于自己的力量，只能暂时寻求与外戚联合，把目标指向宦官。他们利用所能利用的政府权力，对宦官采取流血对抗。宦官自然予以同等强烈的反应，中国遂开始了第一次宦官时代。从159年13个宦官封侯，到189年宦官全体被杀，共31年。

及至灵帝即位，对于宦官更加依赖。他曾指着两名恶名昭彰的宦官说："张让是我父，赵忠是我母。"小到日常政务，大到人事遴选，几乎全部委于自己宠幸的张让、赵忠等十人，人称"十常侍"。

这些宦官抓住了灵帝年幼无知、昏聩无能的契机，大献殷勤，将皇帝置于掌中。为了让身居内宫的灵帝能够玩乐高兴，宦官专门在外组织了一场"选美"活动，只不过这次选的不是美人，而是俊美的驴子。最终有4匹驴子得以进入皇宫大内，成为皇帝的玩乐之物。灵帝从小金玉之身，12岁之后又被送到皇宫，哪里有机会能够见到一头驴子，因而一见之下，如见天上神物，喜不自胜、爱愈至宝。随即宦官又为皇帝招来一架驴车，供其玩乐。起初还有驾车之人，后来灵帝失去兴趣，便自己来驾车。这件事情不知不觉便传到民间，京城许多达官贵人问询，不但没有引起他们的警觉，反而争相效仿，以为时尚，一时民间驴子成为最为炙手可热之物，价格陡涨。

灵帝毕竟只是一个少年，许多事情也只不过出于好奇之心。然而宦官如此，则是放纵灵帝成为一个昏庸无能之人。灵帝自然没有任何觉察。不久，灵帝便失去了驾驶驴车的兴趣，宦官见此，灵机一动，忙找来一只狗，戴上贤冠、穿朝服、佩绶带，大摇大摆地上了朝。待灵帝认出乃一狗时，不禁拍掌大笑，赞道："好一个狗官。"古语有云："士可杀不可辱！"言者无意，听者有心，这不是变着法地辱骂群臣百官吗？然而宦官专权，皇帝尚且不过是他们手中一个傀儡，虽然大多数人不堪忍受此等奇耻大辱，却只能心中怨愤，敢怒不敢言。

无独有偶，在朝堂之上，宦官胡作非为；在地方郡县，宦官及其家人更是无法无天。宦官侯览此时已经是位居高官，但他并不满足。当他回到自己的家乡之时，大肆地侵占百姓的土地，用以修建亭台楼阁，供个人享受。百姓不满其作为，便向县官告发了这件事情，县官见侯览势大，不但不为民申冤，反而将之告诉了侯览。侯览知晓了这件事情，亦没有丝毫收敛，反而变本加厉，将被侵占田地的百姓都赶出了自己居住的地方，并扬言如果敢回来，便以乱党论处。一时之间，许多百姓流离失所，一片天怒人怨。

此事恰巧被督邮张俭发现，张俭为人正直，为官清廉，最恨宦官乱权、残害百姓，遂上书弹劾，要求灵帝惩办侯览。此时此刻，灵帝正在其乐无穷地恣意纵乐，刑罚行政皆掌握在宦官的手中，此书还没到灵帝手中，便被侯览扣下，并指使人诬告张俭联络党人，图谋不轨。在宦官的授意下，灵帝下令讨捕张俭等人，宦官曹节趁机奏捕李膺、范滂等人，说他们蛇鼠一窝、结党营私、意图谋害皇帝、攫取军政大权。皇帝闻言，当即大怒，派遣禁军连夜封锁城门，同时遣人前去抓捕李膺等人。可叹他们还没有任何觉察，便身陷狱中，负责刑狱的太尉一职此刻也是形同虚设，皇帝直接下令，将抓捕起来的六七百人要么流放，要么关押狱中。不久，曹节等人又向灵帝进献谗言，说在洛阳城中，士大夫一党还培植了很大一批潜在的势力，只要时机成熟，他们就能身居高官，把持朝政，这批势力就是太学学生。他们门阀观念极重，对于自己的恩师可谓言听计从，如李膺、范滂等辈，在太学之中皆是威信很大，党羽众多。

恰在此时，太学之中见李膺、范滂被捕，义愤之下，出言诽谤，写诗赋讽刺宦官朝政。正好为宦官打击太学学生提供了理由。在宦官的蛊惑下，灵帝下令拘捕了太学生1000多人。熹平六年（177年），永昌太守曹鸾见宦官如此作为，朝中大臣大多受到打压，整个汉室几乎无人可用，遂上书要求赦免党人。灵帝没有多少主见，便叫来宦官参详，宦官认为这是替党人翻案，言辞直指皇朝大计。如果翻案成功，天下人便会说皇帝冤枉忠臣、不辨是非，支持灵帝的宦官也会遭受致命打击。灵帝闻言，觉得很有道理，他虽然比较同情士大夫，但当危及自己的安全之时，也只能暂时将事情压下。可他没有料到，宦官们竟然将曹鸾活活打死，然后又下令禁锢党人，株连亲属，把对党人的迫害活动推向了高潮。经过这场浩劫，天下儒生几乎被一网打尽。

应该说，这次天下儒生与宦官夺权的斗争，如果能够取得胜利，或许能够成为汉朝重新崛起的一次契机。可惜，最终还是以失败告终。究其原因，主要是因为党人对于宦官的势力错误估计，因而没有在最恰当的时机，给予他们最致命的打击。此外，他们没有意识到，宦官力量的基础全部寄托在皇帝的喜怒上，因而并不稳固。如果士大夫阶层稍为讲究一下方法，那么矫正宦官政治的弊端，会变得非常容易。可是士大夫领袖人物所凭恃的只是道德上的义愤填膺，所以终于酿成了党锢之祸，而整个局势也糜烂下去。

汉末的农民起义

由张角领导的黄巾起义，是中国历史上最伟大的农民起义之一，他主要借助了两大宗教力量的影响，一是佛教，二是道教。

佛教于汉明帝时期传入中国，主要得益于张骞通西域之后，丝绸之路的畅通，东西方文化得以在这条路上长久地交流。佛教便在此后不久，从西域传向东土大汉。东汉王朝第二任皇帝刘庄曾梦见一个金人。有学问的大臣就告诉他，金人是西域的一个被称为"佛"的神祇。刘庄随即派遣官员蔡愔及秦景等人去西域求佛，那时还没有人知道西域的佛是由天竺（印度）传入。蔡愔于65年出发，两年后返国，随同他来的有两位外国籍的高僧摄摩腾和竺法兰以及白马驮着的佛教经典。刘庄特地在首都洛阳东郊建造一座白马寺，招待这两位高僧并安置经典。佛教自此被统治者承认，成为东汉统治天下的另一重要工具。

不过事实上，白马到洛阳时，佛教在民间已经十分流行，亲王刘英，即刘庄的弟弟就以信奉佛教而闻名，举国皆知其修身养性的佛家宗旨。

道教是传统宗教，其具体的诞生或者出现日期，现在已经无证可考。只知道道教跟道家学派有密切关系。道家学派中有一部分人士转变为"阴阳家",介乎学派与宗教之间。这种以炼丹炼金,求长生不死药的高级巫师,被称为"方士",深受历代帝王的欢迎。以后方士中又有一部分转变为念咒画符的人物,道教遂在不知不觉中形成。汉顺帝时方士中一位大家张道陵集神秘之大成,在四川鹤鸣山修炼,山不在高,有仙则名,是说有了名士才让山成为名山。张道陵则是运用了名山让自己显得神秘莫测、道法高深的模样,不时用符咒为人治病祈祷。民间大众云集响应,赢粮而影从。逐渐形成一股势力,历史上称为"太平道"。追随他的门徒,都要奉献五斗米,所以也称"五斗米道"。张道陵死后,儿子张衡继承了他的门派。张衡死后,儿子张鲁继承。此时已到汉灵帝统治时期,各地混战不休,黄帝昏聩无能,大汉政权摇摇欲坠,政府欲要借助张鲁拥有的群众力量,便委派他当汉中(陕西汉中)郡长(太守)。此时尚没有"道教"这一说,直到300年后5世纪时,名道士寇谦之出世,才确定"道教"名称。

汉朝的战争从汉明帝时期到汉灵帝之时,一直没有断绝。虽然在169年被全部扑灭,但是也留下了巨大的祸患。没有被战争直接波及的中原地区,因军需万急,导致黎民百姓不堪忍受沉重的徭役负担。在苛捐杂税和官员贪暴以及地主剥削重重迫害之下,大量农民被迫开始逃亡甚至发生民变。逃亡和民变引起因劳力缺乏而产生的水灾旱灾蝗灾。水灾蝗灾又引起农村破产。这一系列事件逐渐构成一个恶性循环,整个汉朝的根基岌岌可危。而此时的朝野上下,宦官跟士大夫正斗争得如火如荼,没有人关心那些在死亡中挣扎的农民。农民为了生存,遂逐渐集结在一个标志"黄巾"之下,希望自己决定自己的命运,能够饥饿之时有饭可吃,寒冷之时有衣可穿,风雨交加之时有一栖身之地。眼看这么基本而质朴的愿望却在汉室昏聩的统治之中逐渐化为梦幻泡影,农民遂投身到轰轰烈烈的反汉起义之中。在黄巾标志下,张角在他的家乡巨鹿(今河北宁晋),供符咒传教。10余年后,张角的门徒达到有数十万人。"苍天已死,黄天当立,岁在甲子,天下大吉。"

这是张角的起义口号。黄巾势大，不少宦官认为东汉政府已无前途，纷纷投诚张角，约定黄巾军到达京师之时，便打开城门，迎接张角入朝。可是如此庞大的组织中不可避免地会有内奸或变节分子，再严密的城墙也会有透风的地方。门徒唐周因为得不到张角的器重，又害怕起义失败而招致杀身之祸，便向东汉政府告密。

宦官们听闻此事，当即行动起来，就在光和七年（184年）一月，马元义被捕，被最残忍的车裂酷刑处死。根据口供的牵引，辗转杀了1000多人，并通缉张角。张角仓促间下令起兵，一夜之间，百万以上的农民掀起暴动。他们用黄巾裹头，以分别敌友。可惜他们没有料到，这次出现的剿灭自己的汉军，并不像这个政府一样满是沧桑，反而个个英勇善战，以一敌十。没有经过训练的农民们，面对这群虎狼之师，虽然有刀枪剑戟在手，却和手无寸铁没有任何两样，坚持不久便兵败如山倒。而正在此时，张角因为其最为钟爱的弟子马元义的被杀而伤心不已，大病之下溘然长逝，失去领导的黄巾军很快就被汉军瓦解。于是这一历史性的农民暴动只支持了11个月就被分别击溃。然而，这个世界再也不能恢复原状了。汉政权的权威遭到了严重的挑战，汉帝国的统治阶级腐朽不堪，以致没有任何途径可以解救他们；汉朝的一些官职制度也都遭受了毁灭性的变迁。从此，虽然有人力图改良，但都逃不过最终的一个结果：推翻汉朝，改朝换代。

特别是此时的凉州部队，在剿灭黄巾起义的过程中，将势力从西凉边境延伸到中原腹地，汉政府碌碌无为，汉军队不值一哂，使西凉军将领开始轻视朝廷，当朝廷征召他们到洛阳担任宫廷少府时，大将之一的董卓竟然拒不接印，唯恐放弃西凉军权，此后便会垂垂等死。偏偏又遇到两个愚蠢至极的官员何进与袁绍，想利用他来胁迫何太后，从而维持汉室的统治。此种驱狼搏虎的做法，无疑是在引火自焚。189年，当洛阳追兵在黄河南岸小平津从宦官手中救出刘协时，董卓率领大军适时地赶到，刘协就在凉州兵团护驾下返回首都洛阳，是为汉献帝，从此开始了他极富传奇色彩又悲剧感十足的一生。

第六章

东汉覆灭

挟天子以令诸侯

董卓进驻洛阳之后,军阀混战便从此不休不止,一发不可收拾。轰轰烈烈、涤荡心魄的三国时代就此拉开序幕。

董卓来到洛阳勤王,竟然给予了刘协一番际遇,刘协在少帝刘辩继位之后,被封为陈留王。刘协为董太后抚养长大,虽然年幼,但远比刘辩更聪明、更有气魄。董卓是董太后的同族,于是心中便产生了废掉刘辩、更立刘协的想法。他以迎少帝有功,扩大自己的势力,把持朝政。

中平六年(189年)九月初一,董卓率领公卿到崇德殿,强迫何太后诏策废除少帝,贬为弘农王;立陈留王刘协为帝,是为汉献帝。

董卓一到洛阳,便用其凉州兵团马上把洛阳控制住。朝中原来那些分属于袁绍、曹操的禁卫军常年养尊处优,面对能征善战的凉州军队,一个个噤若寒蝉。袁绍知道已无能为力,只能逃到自己的属地冀州,积极发展军队势力。而曹操则潜伏在洛阳,密谋一个良机。终于,他迅速接近了董卓,并和大臣王允合议,诛杀董卓。王允将自己家族的宝刀赐予曹操,只盼他能够手刃董贼。可惜,董卓一直有其义子吕布保护。人言,人中吕布、马中赤兔。要在当时勇武天下第一的吕布面前杀死董卓,定比登天还难。

这日,董卓召曹操入其寝宫,为了奖赏曹操积极地支持自己,便命令吕布前去马厩挑选一匹最好的战马给曹操。酒过三巡，董卓不胜酒力，便在曹操面前睡去，他哪里知道，这个他认为最忠心自己的曹操，正欲谋害于他。可是，真的到了动手的时候，曹操却踌躇不定了。此番自己即使能够手刃董卓，也势必招致更多的军阀来控制献帝，把持朝纲。但是如是不杀他，献帝就不能得到自由，汉室天下必将危亡，自己也会被千夫所指，永远不能出头。

曹操一代枭雄，此刻却陷入了两难之中，忽然，刀光一闪，董卓猛然惊醒："曹操，你欲何为？"曹操见事情败露，忙急中生智，借口向董卓进献宝刀。董卓一时没有怀疑，放过了曹操，曹操当即离开董卓，杀了城门守将飞离洛阳。待得董卓醒悟过来，已经为时晚矣。

自此，曹操声名大振，虽然没有成功杀掉董卓，却使天下士人归心，就连曾经捉住他的县令陈宫也放了他，虽然曾经曹操羞辱了陈宫，陈宫却因为其义举而誓死跟随曹操。可惜后来曹操"宁愿我负天下人，休叫天下人负我"的所作所为，为陈宫所不齿，便离开了曹操。

曹操既走，董卓高兴地发现，他控制首都就等于控制皇帝，控制皇帝就等于控制全国。朝中士大夫也有反对他的人，但是每次都被他以铁血政策所化解。士大夫工于权谋，却也有一个致命的弱点，就是缺少杀伐果断的勇略。因此，董卓不久便稳定了洛阳局势，连位居三公的王允也噤若寒蝉，不敢直视其目。

董卓本来只是西凉部队的将领，统辖范围不过几十个郡县，现在成了全国主宰，便如那乞丐突然成了亿万富翁。太快的形势变化，使他把政治看得过于简单。认为现在什么都有了，只缺少威望，而建立最大威望的最大妙法，莫过于把旧皇帝废掉，另立一个新皇帝。正好刘协甚合董卓的心意，朝中士大夫大多数也比较支持刘协即位。于是，董卓强迫刘辩退位，另立刘辩9岁的弟弟刘协上台。第二年，更把刘辩和他的母亲何太后杀掉。

董卓以为，自此自己便可以坐享其成，挟天子而号令天下，一时之间，天下无人可以制衡他。对大臣，董卓随时会杀其身、灭其族；

对于后宫嫔妃，董卓亦是天天毁其身、败其誉。以为这样天下群臣百姓就会臣服在其淫威之下。可是董卓没有料到，蛮干不但不能建立威望，反而引起强烈反感，等于把攻击自己的刀柄授给敌人。果然，正苦于没有借口的敌人有了借口，各地反对董卓的武力共组成十八镇诸侯，在东方集结，推举"四世三公"、军力最强的袁绍当盟主，以江东孙坚为前锋，讨伐董卓。几番大战下来，董卓损兵折将，特别是上将军华雄被关羽斩杀，更是让董卓内心极为恐惧。此外，董卓并不熟悉洛阳，他的根据地在关中（陕西中部），于是下令把首都迁到长安，距他进入洛阳只6个月。皇帝和人民，一齐跄跄上道。为了彻底执行，也为了不给诸侯留下任何实物，董卓纵火焚烧洛阳，自姬旦在洛阳筑城以来，经营了1400年的当时世界最伟大最繁华的都市化成一片焦土，方圆100公里以内，不见任何炊烟。居民仓促中向西搬移，既没有计划，又没有准备，举家搬迁，像押送囚犯一样，在联军争先进入洛阳之时，凉州兵团夹驰道旁，奔腾鞭策，马蹄的践踏和饥饿疾病，使死亡相继，洛阳长安相距直线500公里，沿途堆满尸体，人人恨死了董卓，正是屠灭董卓的最好时机，可惜其他人要么目光短浅，要么实力不足（如刘备），只有曹操向孙坚借了五千骑兵，连带自己的三千家族骑兵，追击董卓而去，试图劫回献帝，可惜最终还是狼狈而回。

眼见天子囿于董卓之手，西凉军兵强马壮，关中更是土地肥沃，居高临下，兵锋所指，中原无可抵挡。更兼有董卓爱将吕布保驾，一时之间，天下无人可以撼动董卓第一诸侯的地位。一个没有政治头脑的人偏偏坐在非有政治头脑不可的座位上，不啻坐在毒蛇的牙齿上。董卓的末日终于来临。

事情的起源其实应该追溯到董卓知道曹操意欲谋害自己之时。那时，他一见七星宝刀便知道是王允的主意，便命吕布前去搜查。哪知道吕布没有搜到证据，反而搜出了个绝世美女貂蝉。二人一见倾心，吕布更是被她迷得神魂颠倒。一段痴狂的爱情就此萌芽。如果让这二人就此发展下去，倒也是乱世之中一桩美事。只是貂蝉的义父王允却看到了诛灭董卓的契机。

吕布与貂蝉很快坠入爱河,不可自拔,王允便以大汉兴亡、天子荣辱、自己生死为要挟,要貂蝉同意自己的计策。貂蝉一界女流,碍于王允的养育大恩,便从了王允,将自己送到董卓府上,任其施为。吕布知晓,不禁大怒,细问之下,才知道是董卓抢了自己最钟爱的女人。在王允的唆使下,吕布叛变,把董卓刺死,屠灭董卓三族,董卓制约天下只有短短三年五个月,就此败亡。

治世之能臣,乱世之奸雄

建安元年(196年),时任兖州刺史的曹操迎接刘协入驻洛阳。曹操不愧为一代雄主,在获取献帝之后,在政治上向各方诸侯进攻,依靠政治上的优势,使得军事上的不足得到很大的弥补。

初平三年(192年),青州黄巾军大获发展,连破兖州郡县,阵斩兖州刺史刘岱。济北相鲍信等人迎曹操出任兖州牧。曹操和鲍信合军进攻黄巾军。不久鲍信战死。曹操"设奇伏,昼夜会战",终于将黄巾击败。自此获降卒三十余万,人口百余万。曹操收其精锐,组成军队,号青州兵,实力大增。此后,他又击破吕布,挺进徐州。

眼见曹操日益壮大,袁绍终于坐不住了。在灭杀了公孙瓒之后,势力大增,如果不出意外,灭掉曹操指日可待。于是,袁绍便用对付董卓的办法对付曹操,他发动勤王军事行动。但是此刻各方诸侯心中都有自己的小算盘,都不愿意助袁绍灭了曹操,因为那样一来,天下为数不多可以与袁绍争雄的曹操就会灭亡,群雄就会被袁绍以秋风扫落叶之势屠尽。只有荆州刘备率领为数不多的兵士前来相投。

建安五年(200年),曹操和袁绍在官渡(河南中牟东北古鸿沟渡口)决战。当时曹操和袁绍在军力上悬殊,袁绍具有绝对优势。兼且曹操劳师远征,粮草军械严重不足,当此之时,曹操谋士司马荀彧极力劝解曹操破釜沉舟,不要撤兵。恰逢袁绍之谋士许攸进言灭曹,袁绍却由于其子病重而耽误军事,许攸大骂其为庸主,被袁绍贬谪,心中郁闷难当,便来投曹操这儿时玩伴,并献计烧毁袁绍军粮重地乌巢。败讯传来,袁绍军队大乱方寸,随即大败。大将张郃、高览等人率部投降曹操。袁绍弃军逃回黄河以北。曹军大获全胜,斩首七万余级,尽获袁军辎重图书珍宝。

自此,曹操基本肃清了北方,天下十三州他已经居其半。本欲就此一统天下,成就功名大业,可惜时局不明,军事上的严重错误,导致赤壁之战的大败。

此间,献帝刘协也加紧了活动的步伐,力图摆脱曹操的控制。袁绍败军之前,曹操将刘关张三人引到自己的都城许昌,天子见有机可循,直接称呼刘备为皇叔,并为其封侯。以求培植忠于自己的势力。并且在暗中用衣带写下血诏,号令天下诸侯勤王讨贼。刘备在与曹操煮酒论英雄之后,便知道曹操必定不会容自己存活于世,此番正好名正言顺地为天子讨逆。哪知事情败露,献帝妃子董贵人之父董承等人都被曹操诛杀,怀孕的董贵人也被绞杀。伏皇后畏惧曹操,于是写信给她的父亲伏完,尽数曹操残暴不仁之事,希望伏完能够效仿董承,铲除权臣,但伏完始终未敢行动。自此,曹操无论是军事上还是政治上都得到了强盛和稳固,为以后的天下一统奠定了雄厚的基础。

四百年江山终有尽头

自卧龙先生诸葛亮出世之后,天下三分的蓝图便已经被描绘。刘备打出了"汉贼不两立,王业不偏安"的旗号,妄图一统天下,中兴汉室。可惜投徐州牧陶谦,则徐州最终被曹操所获;再投袁术,袁术无容人之量,便被曹操所灭;最后投了袁绍,以为凭借着其强大势力,可以实现自己的一腔抱负。哪知袁绍有时是贤君,有时却是庸主,更无容人之量、扶持汉室之心。官渡之战之后,曹操势力滔天,刘备只能投了荆州牧刘表。可谓空有凌云万丈才,一身襟抱未曾开。郁闷之下,终于三顾茅庐,寻到卧龙凤雏之一的诸葛孔明。当初荆州隐士水镜先生就曾预言:"卧龙凤雏,得其一便可安天下。"果然,诸葛亮隆中对,制定了以后刘备的进军方略,刘备自此不再是一只无头苍蝇,而是有了"先取荆州,后得西川,再图中原"的三步走庞大计划。终于,孙刘联盟的建立,夺取了赤壁之战的胜利,瓦解了曹操一统天下的野心,同时让刘备有了立身之地荆州,从此不再寄人篱下。

此后,刘备更是借汉中张鲁进攻西川刘璋的机会,带兵三万前去西川,助刘璋抵抗张鲁。本来,依靠西川的军力,汉中倒是不足为惧,只是之前,曹操和西凉马腾、马超大战一场,二十万军队被斩首大半,但仍然有五万军队被能征善战的马超带到汉中,投降张鲁。因而张鲁进攻西川,一路势如破竹,无人能挡。

刘备到达西川,刘璋百里相迎,但西川各路人士纷纷反对让刘备带兵而来。他们担心刘备会反客为主,乘机夺取西川。刘璋也不是没有考虑到这一层,一则是手下最为信任的谋士张松大力劝谏自己邀刘备入川,他不知晓,此时张松因为刘璋之昏聩,早已经投了刘备。二则是刘备此次前来,关羽、张飞、赵云一个没带,因而刘璋也就放松了警惕。

刘备来到西川,手下人都劝谏他乘机夺了西川,可是他们哪里知道,刘备素以忠义为立身之本,此番害了刘璋便是不忠不义,西川必定不会稳定,自己也失去了夺取天下的灵魂所在。不久之前,刘备得到了和诸葛亮齐名的贤士凤雏庞统,庞统知晓刘备的苦衷,此刻虽然成功阻击了汉中军队,并招降了马超,但刘备却依然不肯离去,就是因为舍不得西川。庞统知道刘备之所以迟迟不肯发兵攻取成都,是因为没有一个名正言顺的理由。因而,庞统设计让刘璋知晓张松已经叛投刘备,于是引得刘璋杀了张松,同时也领军攻伐刘备。庞统在落凤坡被杀,刘备心肝俱裂,随即夺取了西川,再乘势攻取投降了曹操的汉中。

然而,他却失去了一统天下的机会。这主要是因为两个方面的原因。

一是在夺取汉中之前,即建安十九年(214年)伏皇后要求其父伏完诛杀曹操的密谋败露，曹操要挟献帝废黜伏皇后，并代献帝写好了废黜伏皇后的诏书。献帝也是太急了一些，在听闻刘备夺取西川之后，便和宫人暗自庆贺，以为汉室中兴之日不晚了。他哪里知晓，刘备何人？可与曹操争夺天下之人，久怀君王之志，即使他能够在一统天下之后，拥立刘协继续为帝，但是群臣百官苦心经营半生，怕是也不会答应。曹操写好诏书之后，急忙派御史大夫郗虑拿着诏书，同尚书令华歆一起带兵包围皇宫搜捕皇后。伏皇后藏到宫中的夹墙里，被华歆拖出。伏皇后披头散发赤脚走出，向献帝哭诉求救，刘协无奈地说："朕也不知自己的生命何时终了呢！"回过头来对郗虑说："郗公！天下有这道理吗？"伏皇后被幽闭而死，刘协与她所生的两位皇子亦被毒酒毒杀，伏氏宗族百余人被处死。自此，忠于汉献帝，可为刘备内应的势力被大部肃清。建安二十年（215年），曹操威逼刘协立其女为皇后。

二是关羽冒进，导致荆州失陷于东吴，荆州一旦为东吴所取，东吴实力大增，三足鼎立之势便再也万难改变。刘备虽然坐拥西川，富庶无比，但是西出东征，劳师千里，必然难以久持。曹操也由于军力不足，只能施行屯田、休战、养兵三策。孙权则由于实力大涨而得以保全江东。

从此，献帝复国没有了任何机会，人生几何，或许他的政治生命就如那朝露一般，来日无多。不久，曹操僭越为魏王，之所以说其僭越，是因为汉高祖在位之时，便定下外姓不得称王的规矩。曹操此举，天下虽然不服，却没有激起大的动乱，刘备也在不久自立为王。这从另一个侧面，东汉确实已经名存实亡了。

建安二十五年元年（公元220年），魏王曹操去世，他的儿子曹丕，在司马懿的建议下，认为先王曹操素有威仪，因而才得以统领群雄。此番曹丕继位，要树立恩威，就只能对功臣进行封赏，也只有废汉自立，才能够对群臣进行分封。曹丕亦认为自己在北方的地位已经足够稳固，有足够势力登上九五大位。这年十二月十日，曹丕逼迫刘协禅让帝位给他，刘协虽百般不愿，但还是被迫告祭祖庙，使张音奏玺绶诏册，禅位于曹丕。曹丕在繁阳亭登上受禅坛，接受玉玺，即皇帝位。随即进入许都，改延康元年为黄初元年，国号为魏，追尊曹操为武皇帝，庙号太祖。废献帝为山阳公，曹皇后为山阳公夫人，勒令搬出宫去，但仍然可以用汉天子礼乐。不久，刘协在就封国之时，自己将船凿出一个洞，行至渭水江心，与曹皇后共赴黄泉。

在三国并立的金戈铁马声中，汉帝国就此轰然倒塌。狂沙漫天之间，充满了叹息和无奈，也洋溢着激情和奋进。历史始终向前，脚步不会停止，汉朝400年兴亡历史，给后人留下无尽的思考和财富。